# 세상애
# 끌림

### 작가 소개 | 김 철 호

친환경 자닮 유기 농법을 전하고 마음을 나누는 행복한 농부입니다. 너와 나, 우리가 더불어 함께 하는 행복한 세상을 위하여 선농일치로 자신을 닦고 자리이타를 실천하며 조금 더 세상을 이롭게 하며 살고 있습니다. 유튜브채널 <세상애끌림>을 운영하며 매일 <행복편지>를 쓰고 낭독하여 유튜브와 블로그에서 나누고 있습니다.
지금은
> 마음을 나누고 행복을 전하는 마인드퍼실리테이터
> 자원봉사활동 및 사회복지 활동 등을 하는 농촌활동가
> 주민자치, 농촌기본소득 활동 등을 하는 시민활동가

### 책 소개

이 책은 지은이가 매일 쓰는 행복편지들 중에서 함께 나누고자 하는 몇 편을 담고 있습니다. 이해, 사랑, 감사, 존중, 배려 등 다양한 주제로 마음을 표현한 글입니다. 매일 행복편지를 쓰면 자신의 마음을 알아차리게 됩니다. 마음의 파도가 잔잔해지고 긍정적인 사고와 평온한 마음을 가지게 됩니다. 행복편지마다 마음나누기를 하고 감사의 순간들을 쓰는 공간이 있습니다. 성찰일기처럼 자신의 마음에 대해 써도 좋고, 사람들과 세상 사는 이야기를 하며 마음을 나누어도 좋습니다. 이를 통해 사람들이 자신의 마음을 이해하고 조금 더 행복해지기를 바랍니다.

## 세상애끌림


| | |
|---|---|
| 발행일 | 2024년 12월 06일 |
| 지은이 | 김철호 |
| 편 집 | 장영애 |
| 그 림 | 뉴데이 |
| 발행처 | 퍼플 |
| 출판등록 | 제300-2012-167호 (2012년 09월 07일) |
| 주 소 | 서울시 종로구 종로1가 1번지 |
| 대표전화 | 1544-1900 |
| 홈페이지 | www.kyobobook.co.kr |

# 세상애
# 끌림

김철호 지음 | 뉴데이 그림

퍼플

## 책을 펴내며

시골의 작은 마을에 소박한 꿈으로 가득 찬 열정적인 청년이 있었습니다. 거대한 도시에 온 그는 치열한 생존경쟁 속에서 최고가 되기 위해 최선을 다해 무작정 앞만 보고 달렸습니다. 남들보다 아주 젊은 나이에 초고속 승진도 하고 파격적인 스카우트 제의와 높은 연봉도 받으며 승승장구하고 있었습니다. 그는 늘 새로운 일을 찾아서 국내외에서 직장생활과 사업을 하면서 창의적이고 역동적으로 도전하며 살았습니다. 기업의 중요한 사업들을 능동적으로 추진하면서 여러 핵심적인 이슈를 해결하여 우수한 성과를 올렸습니다. 높은 성취감으로 일에 몰두하면서 다양한 분야의 최고 전문가로 성공 가도를 달리고 있었습니다. 해외에서 개발 투자 사업을 해오던 어느 날, 그를 멈추게 하는 시간이 찾아왔습니다. 그때, 그는 자신에게 수많은 질문을 던졌습니다.

'나는 무엇을 위해 이렇게 정신없이 사는 걸까?'
'내가 이렇게 계속 산다면 삶의 끝에는 무엇이 있는 거지?'
'내 인생에서 지금 무엇이 가장 중요한가?'
'앞으로 나는 어떻게 살 것인가?'

그는 너무 정신없이 바쁘게 살아온 나머지 '나'를 살피고 돌아볼 시간도 없었습니다. 그래서, 그는 무작정 길을 나섰습니다. 배낭을 짊어지고 지리산, 설악산, 한라산 등 국내외 여기저기를 발길 닿는 대로 다녔습니다. 그러다가 그의 시선을 눈부시게 사로잡은 곳이 있었습니다. 바로 히말라야 안나푸르나였습니다. 그는 위대한 대자연 앞에서 한없이 작아지는 자신을 바라보며, 말로 표현할 수 없는 감동으로 뜨거운 눈물을 끊임없이 흘렸습니다. 그 감동이 그의 마음을, 아니 그의 삶을 바꾸어놓았습니다. 최고가 되기 위해 달려온 그는 자기 자신만을 위한 삶이 아닌, 세상으로 향해 사는 삶을 살자는 마음이 솟구쳤습니다. 저절로 이런 마음이 든 것이 신기하면서 감격스러웠습니다. 그리고, 그는 세상과 함께 더불어 나누고 세상을 이롭게 하며 살고자 다짐하였습니다. 그러기 위해서는 자기 자신이 먼저 행복해야 한다는 것도 알게 되었습니다.

이 삶의 중요한 귀로에 있었던 시골 청년이 바로 지금의 저입니다.

'나는 행복하기 위해 지금 무엇을 해야 하는가?''

시골 고향으로 돌아왔습니다. 자연과 함께 있으니 엄마 품같이 포근하고 마음이 평화롭습니다. 안나푸르나에서 했던 나의 다짐을 잊지 않고 실천하면서 살아가니 행복합니다. 안전한 먹거리를 위한 친환경 농업을 전파하는 농부여서 좋고, 세상을 이롭게 하기 위한 시민 활동이나 봉사활동을 하는 것도 힘이 납니다. 무엇보다도 내가 행복하게 살고 있는 것이 가장 좋습니다. 그리고, 행복한 세상을 위한 디딤돌 역할을 하기 위해 공부도 하고 행복도 전하고 있습니다. 하루하루가 감사함으로 가득합니다.

어느 날, '행복한 세상'에 관심 있는 사람들과 이야기를 나누다가 우연한 기회에 행복편지를 쓰기 시작하였습니다. 그 이후부터 매일 빠지지 않고 행복편지를 쓰며 블로그와 유튜브 채널에도 올리고 있습니다. 행복편지는 나 자신에게 쓰는 것이기도 하면서 세상을 향해 쓰는 것이기도 합니다. 한 편으로 시작한 작은 시작이 하나씩 하나씩 쌓여 마침내 행복을 전하는 한 권의 책으로 탄생하게 되었습니다.

이 책은 단순한 편지가 아니라, 자신의 마음을 들여다보고, 그 속에서 행복을 발견하는 여정을 함께하는 공간입니다. 세상의 복잡함과 빠른 변화 속에서 우리 마음이 얼마나 출렁거리는지, 그 속에서 어떻게 행복을 느낄 수 있는지, 그리고 그 행복을 어떻게 나눌 수 있는지를 성찰하는 이 책은 세 부분으로 나누어져 있습니다.

1부, '자연과 함께하는 아름다운 인연'에서는 자연과의 조화 속에서 행복이 어떻게 싹트는지를 이야기합니다. 우리는 자연의 일부로서 살아가고 있으며, 그 속에서 많은 것을 배우고 느낍니다. '행복한 사람들이 살아가는 마을'이라는 주제를 통해 공동체의 소중함과 서로를 존중하는 마음을 나누고자 합니다. 사람과 사람, 사람과 자연이 연결되어 있는 이 아름다운 인연을 통해 우리는 더 큰 행복을 느낄 수 있습니다. 비움과 배움, 그리고 채움의 과정을 통해 여러분이 자연과의 관계를 다시금 되새기고, 자신의 마음을 돌아보는 시간을 가지시길 바랍니다.

2부, '사랑의 씨앗, 함께하는 삶'에서는 사랑이라는 주제를 중심으로 인간관계의 깊이를 탐구합니다. '세상을 향한 사랑의 시작'과 '다른 이를 위하고 나를 위한 행복의 선택'을 통해 사랑이란 무엇인지, 그리고 그것이 우리 삶에 어떻게 스며드는지를 생각해 보게 됩니다. 사랑의 에너지가 어떻게 우리의 삶을 변화시키고, 나아가 함께하는 세상을 만들어가는지를 나누고 싶습니다. 이 글을 읽으며 자신의 사랑을 되새기고, 그 사랑을 주변과 나누는 방법을 발견하기를 바랍니다.

3부, '무거운 짐을 내려놓고 평안 찾기'에서는 우리 삶에서 자주 느끼는 무거운 마음을 내려놓고 진정한 평안을 찾는 과정을 다룹니다. '마음의 거울에 비친 진리'와 '무거운 짐을 내려놓는 길'을 통해 우리는 자기 내면을 직면하고, 그 속에서 진정한 자신을 발견할 수 있습니다. 갈등과 어려움 속에서도 평안을 찾고, 감사의 마음으로 세상을 바라보는 법을 배우게 될 것입니다. 이 글을 통해 자신의 마음을 가볍게 하고, 새로운 시작을 할 수 있는 용기를 얻기를 바랍니다.

글을 읽고 난 후에는 자신의 현재 마음을 글로 표현해 보고 누군가와 마음을 나눠보세요. 지금 느끼는 감정, 생각, 그리고 마음을 적어 보는 것은 자신을 이해하고, 내면의 소리에 귀 기울이는 중요한 연습이 될 것입니다. 그리고 '감사의 순간들'을 직접 쓰게 되면 나도 모르게 마음이 평온해지고 빙그레 미소가 지어지게 될 것입니다. 여러분이 행복을 연습하고, 진심을 나누는 공간이 되길 바랍니다. 우리가 함께 나눈 행복의 씨앗이 여러분의 삶의 밭에서 자라나 풍성한 열매를 맺기를 진심으로 기원합니다.

행복은 먼 곳에 있는 것이 아닙니다. 우리 곁에, 바로 여기, 지금 바로 이 순간에 있습니다. 행복편지가 여러분의 행복한 여정에 작은 등불이 되기를 바라며, 여러분의 마음속에 사랑과 평화가 가득하길 기원합니다.

그리운 임이 사는 곳
행복한 농부 김철호

## 「마음나누기」와 「감사의 순간들」로
## 마음을 살피며 매일 행복연습 하기

➢ 매일 행복편지를 읽고 「마음나누기」 양식에 작성하는 날짜를 씁니다.

➢ 지금 자신의 마음을 가만히 살피고 어떤 마음인지 써봅니다.
왜 그런 마음이 들었는지 원인을 알아차려 봅니다.

➢ 감사의 순간들을 떠올리며 세 가지를 씁니다.

➢ 쓴 내용을 모두 소리내어 읽어봅니다.

➢ 내 마음을 알아가고 감사한 마음을 가지는 시간을 가져봅니다.

➢ 사람들과 서로 마음 나누기를 할 기회를 가져봅니다.

• 마음나누기 • 2024 년 12 월 1 일 일 요일

지금 내 마음은 즐겁고 기대되는 마음입니다.

왜냐하면 행복연습 마음나누기로 행복을 전하고 있기 때문입니다.

그리고 감사의 순간들

포근하고 따뜻한 집이 있어 감사합니다

친환경으로 건강한 먹거리를 가꾸어 먹을 수 있어 감사합니다

세상을 이롭게 할수 있는 일이 있어 감사합니다

## 내 마음의 파랑새

성수산에 올라 보니
구룡이 승천하는 계곡 사이로
파랑새가 날아오네

산들산들 시원하게 불어오는 바람들
바스락, 바스락거리는 나뭇잎들
톡톡거리며 말라가는 낙엽들

지리산, 설악산, 한라산을 지나
저 멀리 히말라야 안나푸르나까지의 여정도
아련히 스쳐 지나가네

겹겹이 휘감아 도는 흐릿한 산들이
파아란 하늘과 구름의 경계도 없이
끝없이 이어지네

내 고향
성수산에 올라 보니
세상애 더 끌리네

| 차 례 |

# 1부

## 자연과 함께하는 아름다운 인연

[행복편지-0099호]

## 행복한 사람들이 살아가는 마을

배추 모종을 심은 후 무씨를 파종하고
양배추, 비트를 심고 나니
비가 촉촉이 내려줍니다.

활동가를 돕기 위한 활동을 위해
제9회 둔데기 백중술멕이 축제에
참석하여 소소한 일들을 돕습니다.

약속이나 한 듯이 마을 분들과 함께
서로 빈 곳을 채우고 부족한 부분을 더해줍니다.

기원문을 쓰신 마을 분들 대부분은
건강하기를 기원하였습니다.
특히 아들딸, 자식들과 손자 손녀들,
가족의 건강을 기원하였습니다.

부산댁, 남원댁, 그리고
어머니 한 분은 호가 "구만석" 이라 하여
빵 터졌습니다.

다 같이 공연도 즐기고
음식도 나누며 덕담도 더합니다.

행사를 도우며
내 마음은 더 넉넉해져
함께하는 우리가 되어 있었습니다.

행복한 사람들이 살아가는 마을
서로를 존중하고 배려하며
함께 성장하고 발전하는 마을

꿈과 희망이 가득한 마을
우리가 모두 행복할 수 있도록
지금처럼 즐겁게 살아가는 마을

나만 있고 너만 있는 그런 세상에
나도 있고 너도 있는 우리의 세상
이런 세상, 이런 마을이어서 참 좋았습니다.

우리 마을은 어떤 마을이면 좋을까요?

* [행복편지-0099호]의 0099호는 유튜브 '세상애끌림'에 올린 글의 호수입니다.

• 마음나누기 •　　년　　월　　일　　요일

지금 내 마음은 ______________________ 마음입니다.

왜냐하면 ______________________ 때문입니다.

그리고
감사의 순간들

______________________ 감사합니다

Thank you

______________________ 감사합니다

______________________ 감사합니다

[행복편지-0102호]

## 기대와 행복

오늘은 나에게 게으름을 선물해 봅니다.
제때 스르르 눈이 떠지지만
이리 뒹굴 저리 뒹굴 침대와 씨름을 해봅니다.

몸과 마음이 밖으로 향하지만
일부러 그리 해보다 문득 이런 생각이 듭니다.
어떻게 하면 우리가 조금 더 행복할 수 있을까?

행복은 개인마다 다르게 느끼는 것이므로
모든 사람이 행복해지는 한 가지 방법은 없습니다.

그러나 일반적으로 사람들은 건강한 식습관,
운동, 충분한 수면, 좋은 관계, 적절한 스트레스 관리,
취미와 여가 활동 등을 통해 행복을 느낄 수 있습니다.

또한 자신의 목표와 가치관을 명확히 하고
그에 따라 삶을 살아가는 것도 중요합니다.
결국 행복은 자신이 어떻게 삶을 살아가는지에 달려있습니다.

모두가 행복해지기 위해서는
서로를 존중하고 이해하며
서로를 돕고 응원하는 것이 중요합니다.

행복은 사람마다 다르게 느껴지지만
목표를 가지고 자기 능력을 발휘하여 성취감을 느끼면
행복이 뒤따르게 됩니다.

게으름을 허락하면서도 책임감을 가지고 행동하며
균형을 유지하는 것이 도움이 될 수 있습니다.

다양한 측면에서 사람들과 연결되고 협력하며
다른 사람들의 필요를 배려하는 것도
행복을 높이는 방법의 하나일 것입니다.

행복은 우리 각자의 삶을 디자인하는 능력에 달려있습니다.
게으름과 책임을 조화롭게 조절하며
서로를 이해하고 존중하는 관계에서 진정한 행복을 나눌 수 있습니다.

그리고 서로의 기대를 이해하고 인정하면 다툴 일이 없습니다.
혹시 기대하는 마음으로 인해
누군가와 다투고 있지는 않으십니까?

---

**• 마음나누기 •** 　　년　　월　　일　　요일

---

**지금 내 마음은** ______________________ **마음입니다.**

**왜냐하면** ____________________________ **때문입니다.**

그리고
감사의 순간들

______________________ 감사합니다

______________________ 감사합니다

______________________ 감사합니다

---

[행복편지-0111호]

## 선택의 결과

만물이 평온한 이른 새벽, 동트기를 기다리며
고요함 속에 몸과 마음을 살며시 놓아 봅니다.

친환경 채소밭의 해충들을 잡기 위해
자가 제조한 친환경 자닮 농약 살포를 준비합니다.
무경운으로 만들어 온 토양이라 흙이 기름지고 보슬보슬하여
관리만 잘하면 무엇을 심어도 잘 자랄 수 있습니다.

오늘도 여러 가지 선택을 하며 시작합니다.
자유로운 삶은 선택의 결과입니다.
우리는 주어진 상황에서 책임감 있게 선택하고 행동하는 것이
중요합니다. 어떤 상황에서도 우리가 선택한 방향에 대하여
책임을 지는 것은 자유로운 삶의 핵심입니다.

우리는 우리 자신을 깊이 이해하고
가치와 열망을 인식하여 개인적인 목표를 설정해야 합니다.
이를 통해 우리는 무엇에 진정으로 열정적이며 만족할 수
있는지를 파악하고, 그것을 향해 나아갈 수 있습니다.

지속적인 내적 성장과 발전을 추구하기 위하여
우리는 학습, 탐구, 창조 등을 통해 지식과 기술을 개발하며
영성과 강인한 정신력도 함께 갖추어야 합니다.

사람들과의 관계와 연결로 서로를 이해하고 돌보며
서로 협력하여 사회에 기여함으로써
진정한 의미에서 자유롭게 사는 것이 가능합니다.

창조성은 우리가 문제를 해결하고 혁신적인 아이디어를
구현하는 데 필요한 요소입니다.
창조적인 활동에 참여함으로써
더욱 자유롭게 사는 것이 가능합니다.

몸과 마음 모두를 건강하게 유지하기 위해서는
규칙적인 운동, 올바른 식단, 충분한 휴식 등
생활 습관에 주의해야 하고
감사와 인내의 태도가 필요합니다.

어려움 속에서도 긍정적인 마음가짐으로 감사함을 표현하고
인내심을 가지면 장애 없이 나아갈 수 있습니다.

개인마다 다르게 해석될 수 있지만 하나씩 천천히 실천하다 보면
보다 의미 있고 만족스러운 삶을 경험할 수 있습니다.

당신은 오늘 어떤 실천을 해보시겠습니까?

• 마음나누기 •　　년　　월　　일　　요일

지금 내 마음은 ______________________ 마음입니다.

왜냐하면 ______________________ 때문입니다.

그리고
감사의 순간들

______________________ 감사합니다

Thank you

______________________ 감사합니다

______________________ 감사합니다

[행복편지-0113호]

## 토닥토닥 마음공부 하기

자동차 달리는 소리가 유난히 크게 들리는 아침에
강렬한 햇살을 느끼며 하루를 시작합니다.

우리는 살면서 많은 공부를 합니다.
그중에 마음공부를 해본 분도 있고 그러지 못한 분도 있을 것입니다.

마음공부가 왜 필요하고 어떻게 하면 좋을까요?

마음공부는 우리의 내면세계를 탐구하고 개선하는 과정을
의미합니다. 이는 감정, 생각, 인지, 인간관계 등
다양한 측면에서 이루어질 수 있습니다.
마음공부를 통해 우리는 자기 이해와 자기 발전을 도모하며
더 나은 삶의 질을 추구할 수 있습니다.

마음공부가 필요한 이유는 여러 가지가 있습니다.

첫째, 마음은 우리 삶의 중심이자 기반이 됩니다.
어떤 일이든 마음 상태에 따라 영향을 받으며
마음의 안정과 조화가 없다면 스트레스와
감정적인 불안 등 부정적인 영향을 받게 됩니다.
따라서 마음공부를 통해 내면의 안정과 평화를 찾는 것은
매우 중요합니다.

둘째, 마음공부는 자기 인식과 성장에 도움을 줍니다.
우리는 종종 자신의 감정이나 행동에 대한
이해와 관리에 어려움을 겪습니다.

하지만 마음공부를 통해 자기 인식력이 향상되고
감정과 생각을 조절하고 긍정적인 변화를 할 수 있게 됩니다.

마지막으로, 마음공부는 인간관계 개선에도 도움이 됩니다.
우리 모두 사회적인 동물이므로
다른 사람들과 원활하게 소통하고 협력하는 능력은 매우 중요합니다.
마음공부를 통해 자신과 타인의 감정을
이해하고 존중하는 태도를 기릅니다.

마음공부는 지속적으로 시도하며 점진적으로
발전시켜야 하는 과정입니다.

꾸준한 연습과 관심으로 스스로와 깊게 연결되어 있는
내면의 세계를 발견할 수 있으며
보다 균형 잡힌 삶을 구축할 수 있는 기반이 되어 줄 것입니다.

오늘 내 마음을 가만히 살펴보면 어떨까요?
그리고 내 마음이 힘들다면 토닥토닥하며 보듬어주세요.

---

• 마음나누기 • 년 월 일 요일

**지금 내 마음은** ______________________ **마음입니다.**

**왜냐하면** ______________________ **때문입니다.**

그리고 감사의 순간들

Thank you

______________________ 감사합니다

______________________ 감사합니다

______________________ 감사합니다

[행복편지-0114호]

## 자연을 닮은 사람들의 아름다운 인연

이른 새벽에 스르르 눈을 뜨며
평온한 마음으로 하루를 맞이합니다.

나를 생각하며, 우리를 생각하며,
그리고 자연과 환경을 생각하며
우리는 많은 인연들 속에서 살아갑니다.

자연을 닮은 사람들처럼
친환경 농법을 위해 모인
아름다운 인연도 있습니다.

화학 자재에 의존하지 않고
자연과 조화를 이루며
건강하고 안전한 먹거리를 만드는
친환경 농법

부엽토의 다양한 미생물이
감자와 소금을 만나
다양한 친구들과 함께 땅을 더 풍요롭게 만듭니다.

합성계면활성제를 사용하지 않은 친환경 재료로 전착제를 만들고
농자재를 거의 부식시키지 않는 무가열 자닮유황으로
지속 가능한 농업을 가능하게 합니다.

흙과 물, 공기와 태양
모든 생명의 근원을 아껴주고

품질과 맛을 높여주는
친환경 농법

우리의 삶과 환경을 지키고
미래의 세대에게 전해주고 싶은
아름다운 인연

자연 속에서 자연과 사람이 만나고
세상 속에서 사람과 사람이 만나
더 아름다운 인연으로 이어지네.

오늘은 어떤 아름다운 인연이
당신을 맞이할까요?

---

• 마음나누기 •　　　년　　월　　일　　요일

지금 내 마음은 ______________________ 마음입니다.

왜냐하면 ______________________ 때문입니다.

그리고 감사의 순간들

______________________ 감사합니다

______________________ 감사합니다

______________________ 감사합니다

---

[행복편지-0117호]

## 비움 배움 채움 그리고 이음

비움의 시간이 지나가고
배움의 길을 걷던 나는
채움의 손길에 안기며 행복의 날개를 펴보았다.

맑은 하늘 아래
햇살은 따뜻하게 내리쬐고
사랑과 이해로 가득한 바람이 불어온다.

계곡물이 돌과 함께 흐르고
아름다운 꽃들이 대지에 미소 짓고
새들의 노래가 청초하게 울려 퍼진다.

비움의 시간은
지나간 아픔과 슬픔을 치유해 주었고
그 속에서 배운 것들은 나를 성장시켜 주었다.

하루하루 쌓인 지혜와 경험들이
내 마음을 따뜻하게 채우며 세상으로 향한다.

나와 네가 함께한 그 순간에
어제와 오늘이 연결된 그곳에서
나는 행복으로 가득한 순간을 맞이한다.

사랑과 감사로
세상을 향한 넘치는 마음으로
"세상애끌려" 새로운 여정을 시작한다.

비움, 배움, 채움, 그리고 이음의 순환에서
아름다움을 노래하며
우리는 모두가 함께 행복을 찾아갈 것이다.

그리고 모든 것들이 조화롭게 어우러져서
우리에게 큰 위안과 의미를 줄 것이다.

비록 어려움도 있겠지만
힘차게 날갯짓하는 행복의 날개를 믿으면
"비움 배움 채움 그리고 이음"으로 연결되어
우리 인생은 조금 더 행복으로 가득할 것이다.

당신은 지금
어떤 비움을 먼저 실천하고 싶으신가요?

• 마음나누기 • 년 월 일 요일

지금 내 마음은 ______________________ 마음입니다.

왜냐하면 ______________________ 때문입니다.

그리고
감사의 순간들

______________________ 감사합니다

Thank you

______________________ 감사합니다

______________________ 감사합니다

[행복편지-0118호]

## 은혜로움이 주렁주렁

강렬한 가을 햇살과 하얀 맑은 구름이
포근한 바람과 함께 느껴지는 날입니다.

누님 댁 고구마를 수확하기 위해 친인척분들이 다 모였습니다.

걷어낸 고구마 줄기와 잎은
소의 여물이 되고

속살을 드러낸 고구마 두둑은
농부의 손길을 기다립니다.

햇빛의 은혜로움과
대기의 여유로움

대지의 자비로움과
농부의 작은 땀방울로
고구마가 주렁주렁!

은혜로운 문자 하나로
내 마음은 보람이 주렁주렁!

"지난날 픽업도 해 주시고, 우산도 빌려주시고
친환경 자닮농법 교육도 해 주시고
이에 대해 대단히 고맙게 생각합니다.
이러한 은혜로운 일, 어떻게 갚아야 할까요?
이러한 인연 이어져 서로 도우며 공생하는 계기가 되길 바랍니다."

이 작은 일들을 하나하나 기억하고
이렇게 소박하게 마음을 전해주시니
내 마음이 더 겸손해집니다.

들녘에는 고구마가 주렁주렁
내 마음에는 고마움이 주렁주렁
우리 마음에는 은혜로움이 주렁주렁

감사합니다. 고맙습니다.
그리고 사랑합니다.

• 마음나누기 • 년 월 일 요일

지금 내 마음은 ______________________ 마음입니다.

왜냐하면 ______________________ 때문입니다.

그리고
감사의 순간들

______________________ 감사합니다

______________________ 감사합니다

______________________ 감사합니다

[행복편지-0121호]

## 뜻 있고 소중한 분들을 위하여

하고 싶은 일, 할 수 있는 일, 그리고 누군가는
해야 하는 일을 할 때 가끔은 불편한 마음이 있습니다.

왜 그럴까요?
그동안 친환경 자닮농법을 알리기 위해
열악한 환경이지만 뜻 있는 분들의 도움으로
조금 더 나은 환경을 갖출 수 있었습니다.

울퉁불퉁한 바닥에 비닐을 깔고
무더위 속에서 땀을 줄줄줄 흘리며 모기를 쫓으며 때로는 물려가며

진입도로 사정이 좋지 않아 여러 차례 차량이 빠지고
파손도 되고 주차 문제로 이리 돌리고 저리 돌리고 하였습니다.

뜻 있는 소중한 분들에게 조금 더 나은 환경을 제공하지 못하고
더 해드릴 수 없어 미안하고 불편한 마음입니다.

힘들고 불편하고 미안한 마음이 들 때
왜 이 일을 하는지, 그 일이 얼마나 중요한지를 상기해 보았습니다.

목표를 명확히 이해하니
불편함을 극복하는 데 많은 도움이 되었습니다.

어떤 작업이든 불편함 없이 완벽하게 되는 경우는 드물었기 때문에
불편함에 집중하지 않고 해결 방법을 찾아 보았습니다.
시간이 지나니 불편함이 조금씩 줄어들었습니다.

불편함을 부정적으로 생각하지 않고 긍정적으로 접근하였습니다.
이 일이 우리의 성장과 발전에 도움을 줄 것으로 생각하니
더 쉽게 이겨낼 수 있었습니다.

큰 목표를 달성하기 어려울 때
작은 성취를 기념하고 강조해 보았습니다.
작은 단계를 통해 큰 목표에 가까워지는 것을 느끼게 되었습니다.
불편한 작업을 할 때 주변 분들의 지원과 도움을 받아 활용하였습니다.
함께하니 더 효율적으로 문제를 해결할 수 있었습니다.

가끔은 휴식과 회복을 취했습니다.
불편한 작업을 수행한 후에는 자신을 보상하고 휴식을 취하며
다음 문제를 대비했습니다.

마음가짐은 어떤 일을 하는 동안 중요한 역할을 합니다.
이러한 마음가짐을 가지고 불편함을 극복하다 보면
보람 있는 일을 이룰 수 있을 것입니다.

뜻 있고 소중한 분들과 함께하니
과정도 재미있고, 결과도 의미 있고, 보람도 있어 좋았습니다.

---

• 마음나누기 •    년    월    일    요일

지금 내 마음은 ______________________ 마음입니다.

왜냐하면 ______________________ 때문입니다.

그리고 감사의 순간들

Thank you

______________________ 감사합니다

______________________ 감사합니다

______________________ 감사합니다

---

[행복편지-0124호]

## 다선일체 선농일치

늦은 밤 갑자기 비가 내렸습니다. 예고 없이 비가 내렸지만
그로 인해 이불 빨래를 걷지 않은 것이 생각났습니다.

순간 불편한 마음이 올라왔고 놓쳤다는 생각이 들었지만
다행히 바로 알아차릴 수 있었습니다.

다선일체 또는 선농일치는 선수행과 일상생활을
하나로 병합하는 사상입니다.

다선일체는 선은 차와 같고, 차는 선과 같다는 뜻으로
차를 마시면서도 선을 수행할 수 있고
선을 수행하면서도 차를 즐길 수 있다는 의미입니다.

선농일치는 선수행과 농사일을 하나로 병합하는 사상으로
농사일을 통해 자급자족하고 자유로운 삶을 추구하며
농사일을 하면서도 마음을 가다듬고
깨달음을 얻을 수 있다는 의미입니다.

우리가 실생활에서 다선일체나 선농일치를 적용하려면
우선 우리가 하는 모든 일에 정성과 정신을 다해야 합니다.
우리가 하는 일이 곧 선수행이라고 생각하고
그 일에 몰입하면서도 마음은 평온하고 깨끗하게 유지해야 합니다.

우리가 하는 일이 작고 사소한 것이라도
중요하고 가치 있는 것이라고 인식하고
그 일을 통해 자신과 타인에게 도움이 되는 삶을 살아야 합니다.

우리가 하는 일에 집착하지 않고
그 결과에 의존하지 않으며
그 과정에서 배우고 성장하는 것에 만족해야 합니다.

우리가 하는 일에 감사하고 즐거워하면서도
새로운 일에 도전해야 합니다.

이렇게 하면 우리는 일상생활 속에서도 선수행을 할 수 있고
선수행 속에서도 일상생활을 즐길 수 있습니다.

우리는 자기 삶에 만족하면서도 타인의 삶에 공감할 수 있습니다.
우리는 자유롭고 행복한 삶을 살면서도 평화롭고
지혜로운 삶을 살 수 있습니다.

이것이 바로
다선일체나 선농일치의 본질입니다.

오늘도 지금 여기에서
깨어있기 연습을 같이 해볼까요?

• 마음나누기 • 년 월 일 요일

지금 내 마음은 ______________________ 마음입니다.

왜냐하면 ______________________ 때문입니다.

그리고
감사의 순간들

Thank you

______________________ 감사합니다

______________________ 감사합니다

______________________ 감사합니다

[행복편지-0125호]

## 서로 다름을 인정하고 존중하기

나는 이렇게 생각하는데
너는 왜 저렇게 생각해?

지역에 속해 있는 한 SNS에서
이런 논쟁이 이어졌고 우리는 이런 상황을 자주 접합니다.

서로 다른 기준으로 서로 다른 의견을 내면서
같은 뜻, 다른 오해로 인해 생기는 문제이고
새로운 갈등이지만 소통하는 과정이기도 합니다.

서로 다름을 이해하고 인정하는 일은
상호 존중에서부터 시작됩니다.

서로 다름을 인정하고 존중하는 것은
무지개처럼 아름다운 일입니다.
각기 다른 색깔과 빛을 가진 것들이
하늘에서 화려한 곡선을 그리듯
각기 다른 배경과 가치를 가진 사람들이
세상에서 멋진 이야기를 만들어가는 것입니다.

서로 다름을 인정하고 존중하는 것은
음악처럼 멋진 일입니다.
각기 다른 음색과 성량을 가진 것들이
무대에서 환상적인 조화를 이루듯
각기 다른 의견과 감정을 가진 사람들이
대화로 건강한 소통을 이루어가는 것입니다.

서로 다름을 인정하고 존중하는 것은
꽃처럼 향기로운 일입니다.
각기 다른 모양과 향기를 가진 것들이
정원에서 아름다운 풍경을 만들 듯
각기 다른 장단점을 가진 사람들이
인생에서 소중한 친구를 만들어가는 것입니다.

서로 다름을 인정하고 존중하는 것은
사랑처럼 따뜻한 일입니다.
각기 다른 마음과 표현을 가진 것들이
서로를 위해 노력하고 배려하듯
각기 다른 문화와 배경을 가진 사람들이
세상에서 평화롭게 살아가는 것입니다.

서로 다름을 인정하고 존중하는 것은
아름답고 멋지고 향기로우며 따뜻한 마음입니다.

• 마음나누기 • 년 월 일 요일

지금 내 마음은 ______________________ 마음입니다.

왜냐하면 ______________________ 때문입니다.

그리고
감사의 순간들

Thank you

______________________ 감사합니다

______________________ 감사합니다

______________________ 감사합니다

[행복편지-0127호]

## 적게 먹고 적게 쓰기

지구 환경위기에 대한 대응이
너무 늦었을 수도 있지만

무엇이라도 가장 먼저 해야 한다면
적게 먹고 적게 쓰기일 것입니다.

세상은 너무나도 아름답고 풍부하지만
우리는 그것을 알아보지 못하고

무엇이든 많이 가지려고 하고
무엇이든 많이 먹으려고 합니다.

그러다 보니 우리는
살아가는 의미를 잃고

세상은 오염되고
파괴되어 가고

다른 생명들은
고통과 공포에 떨고 있습니다.

우리는 이런 상황을 바꿀 수 있습니다.

적게 먹고
적게 쓰기를 생활화하면
우리는 건강하고 행복해질 수 있고

세상은 깨끗하고
평화로워질 수 있습니다.

적게 먹고 적게 쓰기는 어렵지 않습니다.

우리가 꼭 필요한 것과
욕심난 것을 구분하면
우리는 자연스럽게 적게 먹고 적게 쓸 수 있습니다.

적게 먹고 적게 쓰기를 통해
우리는 세상에 감사하고 배려하며
모두가 행복한 세상을 만들 수 있습니다.

우리 함께 적게 먹고, 적게 쓰기 해보면 어떨까요?

---

**• 마음나누기 •** 년 월 일 요일

---

**지금 내 마음은** ________________________ **마음입니다.**

**왜냐하면** ________________________ **때문입니다.**

**그리고**
**감사의 순간들**

Thank you

________________________ 감사합니다

________________________ 감사합니다

________________________ 감사합니다

---

[행복편지-0129호]

## 오해와 이해 그리고 사랑

오해란 상대방의 의도나 사실을
잘못 파악하거나 인식하는 것이고

이해란 상대방의 의도나 사실을
올바르게 파악하거나 인식하는 것입니다.

오해는 씨앗을 흩뿌리고
이해는 씨앗을 모으지만
사랑은 씨앗을 피우는 것입니다.

오해는 잡초를 뽑고
이해는 잡초를 버리지만
사랑은 잡초를 먹이로 바꾸는 것입니다.

오해는 비를 맞고
이해는 비를 피하지만
사랑은 비를 축복으로 받는 것입니다.

오해는 해를 보고
이해는 해를 따라가지만
사랑은 해를 따뜻하게 느끼는 것입니다.

오해와 이해 그리고 사랑
세 가지의 마음이 있지만
가장 아름다운 것은 사랑입니다.

사랑은 오해를 이해로 바꾸고
이해는 사랑을 깊게 하며
사랑은 모든 것을 풍요롭게 합니다.

오해와 이해 그리고 사랑
세 가지의 마음을 가진 우리에게
가장 필요한 것은 사랑입니다.

• 마음나누기 • 년 월 일 요일

지금 내 마음은 ______________________ 마음입니다.

왜냐하면 ______________________ 때문입니다.

그리고
감사의 순간들

Thank you

______________________ 감사합니다

______________________ 감사합니다

______________________ 감사합니다

[행복편지-0131호]

## 소중한 마음

건강한 먹거리를 생산할 수 있도록
친환경 농법을 알리는 데 힘써주게 하시며
작지만 소중하고 큰마음을 전해주십니다.

님의 손길이 농민에 닿을 때
지역은 따뜻함으로 가득해집니다.

그 마음은
꽃이 되어 피어나고

감사와 사랑이
향기로움을 불러옵니다.

노고에 지친 밭에서
작은 씨앗이 자라면

희망의 꽃들이
아름다운 환희를 선사합니다.

이 마음은
그 꽃잎처럼 소중하게 간직되어
따스하게 안아줍니다.

비옥한 토양에
길러지는 곡식들은
우리 모두를 기쁨으로 축복해 줍니다.

우리의 마음속에
평화와 공감, 그리고 사랑이
가을 낙엽처럼 소복소복 쌓여갑니다.

고마움과 감동이
큰 변화를 이루어
작은 일상에서도 큰 의미를 부여합니다.

농민과 지역을 위한 님의 마음
늘 감사드립니다.

• 마음나누기 •　　년　　월　　일　　요일

지금 내 마음은 ______________________ 마음입니다.

왜냐하면 ______________________ 때문입니다.

그리고
감사의 순간들

______________________ 감사합니다

______________________ 감사합니다

______________________ 감사합니다

[행복편지-0134호]

## 귀향 귀촌

삶의 길이 다르지만
고향 떠나 몇십 년 동안
직장과 사업으로 지내온 세월

숨 가쁘게
살아오는 동안 나이 들고
문득 고향의 추억 속으로 꿈을 꾼다.

돌아가자!
어릴 적 토방 아래 흙바닥 마당으로
숨바꼭질, 제기차기하며 놀던 정겨운 친구들 곁으로

산천이 변했어도 그리움이 겹겹이 쌓인 고향
엄마 품처럼 따스함이 있고 인정이 넘치는 곳

새 길을 가는 것이 쉽지 않을 테지만
반기는 친구들과 이웃들이 든든하다.

맑은 공기, 푸른 숲은 걱정 말라고 위로하고
아침 햇살은 살포시 나를 안아 힘을 준다.

마음은 편안하고 논두렁 밭고랑 걸을 때는
땀방울로 이룬 희망의 결실이 자랑스럽다.

엊그제 같던 도시 생활도 이제는 벗어나
공기 좋고 개울 물소리가 음악처럼 들리는 고향에 잘 왔다.

∽

삶의 여정 속에서 그리움은 힘이 되고
편안한 마음은 희망의 결실로 이어진다.

∽

• 마음나누기 • 년 월 일 요일

지금 내 마음은 ______________________ 마음입니다.

왜냐하면 ______________________ 때문입니다.

그리고
감사의 순간들

Thank you

______________________ 감사합니다

______________________ 감사합니다

______________________ 감사합니다

[행복편지-0137호]

## 그때가 좋았습니다

마을 길목에서
형이 오기를 기다리던 그때

차가 막혀 13시간씩 걸려
고향 가던 그때

그때는 마치 인생의 여행 중 하나였고
시간이 멈춘 듯한 순간들이 우리를 감싸주었습니다.

고향 가는 길은
쉼과 여유를 주고

마치 오랫동안 미뤄둔
쉬어가는 휴식처럼 느껴졌습니다.

그곳에서
우리는 과거의 기억을 되짚고

가족과 친구들과의 소중한 순간을 회상하며
새로운 에너지를 얻었습니다.

고향 가는 길은
추억과 향수를 주며

마치 손에 쥐고 있는 향수병을 열어봤을 때처럼
은은한 기쁨과 감동을 안겨주었습니다.

그곳에서 우리는
어릴 적의 미소와

따뜻한 순간들을 떠올리며
감사함을 느꼈습니다.

지금도, 아마도 먼 훗날에도 우리는
그때가 '좋았어' 라고 말할 것입니다.

그때를 향한 감정은
시간이 흘러도 변함없이
우리 마음속에 간직될 것입니다.

지금이 바로 그때입니다.

---

**• 마음나누기 •** 년 월 일 요일

**지금 내 마음은** ______________________ **마음입니다.**

**왜냐하면** ______________________ **때문입니다.**

그리고 ↘
감사의 순간들

______________________ 감사합니다

Thank you

______________________ 감사합니다

______________________ 감사합니다

---

[행복편지-0138호]

## 기억의 향연

아내의 치매로 인해
남편은 자신을 돌아보며 자책하고
아내는 무엇인가 잃어가는 무력함을 겪고 있습니다.

'그대 어이가리' 영화 속에 잠시 머무는 시간
흐릿해져 가기 전에 시간의 잔상 속에서
나를 찾아 잠시 헤매어 봅니다.

사랑이란 이름으로 불러온 그대
지금은 기억조차 흩어져 가지만
아직도 내 마음속에 빛나고 있습니다.

치매라 부르는 그 이름 아래
아련해지는 기억들의 숲을 걷고 있고
하나둘씩 사라져가는 당신의 얼굴
하지만 내 마음속엔 여전히 살아 있습니다.

당신의 웃음, 당신의 눈빛
기쁘고 슬픈 일, 힘들고 괴로운 일
그 모든 것이 내게는 소중합니다.

함께한 시간들, 함께한 웃음들
이제 그 모든 것을 흘려보내야 할 때입니다.

당신이 나에게 남긴 사랑은
내 마음속에 영원히 살아있습니다.

아름다운 죽음이란 없을지 몰라도
우리는 이미 아름다운 선택을 하고 있어요.

그대와 나, 우리가 모두
사라져 가는 기억과 사랑 속에서 만나
서로를 안고 있으니까요.

지금, 이 순간이 얼마나 아름다운지
지금, 이 기억의 향연을 느껴보세요.

---

• 마음나누기 •　　　년　　월　　일　　요일

지금 내 마음은 ______________________ 마음입니다.

왜냐하면 ______________________ 때문입니다.

그리고
감사의 순간들

Thank you

______________________ 감사합니다

______________________ 감사합니다

______________________ 감사합니다

---

[행복편지-0140호]

## 농부의 마음

고요한 들판 위에서 손을 모으고
자연을 향하여 소망을 전한다.

농부의 마음에 기도와 명상이 깃들어
청정한 수련의 길을 걷는다.

계곡물이 흘러 이룬 잔잔한 호숫가에서
모든 것이 하나로 어우러지는 지혜를 찾는다.

논두렁에 걸터앉아
손을 모으고 생각에 잠긴다.

하늘은 넓게 펼쳐져 있고
바람은 부드럽게 스쳐 지나간다.

마음은 고요하고 조용하며
자연과 하나가 되어 흘러간다.

눈에 비치는 모든 것이 아름답고
새들의 노래는 신비롭게 울려 퍼진다.

자연과 대화하며 깨달음을 찾아
삶의 진실을 탐구한다.

자연 속에서 종교와 사상을 넘어
사랑과 이해로 가득 차 있다.

농부가 논두렁에 걸터앉아 있는 그 순간,
시간이 멈추고 세상이 조용해진다.

자연 속에서 고요함을 느끼고
모든 것이 하나로 어우러지는 지혜를 찾아
사랑과 이해의 깊이를 탐구한다.

• 마음나누기 • 년 월 일 요일

지금 내 마음은 ______________________ 마음입니다.

왜냐하면 ______________________ 때문입니다.

그리고 감사의 순간들

Thank you

______________________ 감사합니다

______________________ 감사합니다

______________________ 감사합니다

[행복편지-0147호]

## 지혜롭고 아름다운 우리

지혜로운 삶을
향해 나아가는 길

자기 인식의 깊은 품에 안겨
우리를 알아가는 아름다운 여정.

다양한 사람들의
다양한 생각

서로 다름을 이해하고 인정하는 과정에서
존중과 배려 속에 목표와 가치를 공유하자.

선택과 결정은
우리 마음이 이끌어 주니

외부의 시선과 세상살이에 얽매이지 말고
우리의 지속적인 발전의 꿈을 함께 만들어 보자.

열정과 불타오르는 소망으로
진실한 관계 속에 우리를 알아가며

상호 존중 속에서
따뜻한 소통으로 공감을 이루자.

유한한 시간은
우리의 본질을 기억하며

진심 어린 연결과 신뢰가 가득한 인연으로
세상을 향해 한 걸음 한 걸음 옮겨보자.

지혜로운 삶의 깊이를 함께 탐색하며
세상에 빛나는 나의 길을, 아름다운 우리의 길을
같이 걸어가면 좋겠습니다.

**서로의 다름을 존중하고 배려하며**
**진심 어린 관계 속에서 함께 나아가는 것이**
**지혜로운 삶의 길이다.**

• 마음나누기 • 년 월 일 요일

지금 내 마음은 ______________________ 마음입니다.

왜냐하면 ______________________ 때문입니다.

그리고
감사의 순간들

Thank you

______________________ 감사합니다

______________________ 감사합니다

______________________ 감사합니다

[행복편지-0151호]

## 가족은 하늘이다

가족은 하늘의 선물이요
서로의 사랑이 흐르는 정원이라
그 안에서 우리는 꽃과 같이 피어나고
나무와 같이 서로를 의지하네.

가족은 하늘의 의도이요
서로의 이해가 자라는 포도원이라
그 안에서 우리는 열매와 같이 번성하고
가지와 같이 서로를 감싸주네.

가족은 하늘의 축복이요
서로의 소통이 울리는 노래방이라
그 안에서 우리는 음악과 같이 조화롭고
목소리와 같이 서로를 격려하네.

가족은 하늘의 사랑이요
서로의 배려가 흩날리는 꽃잎이라
그 안에서 우리는 빛과 같이 빛나고
향기와 같이 서로를 기쁘게 하네.

가족은 영원한 봄처럼 아름답고
하늘이 우리를 감싸주시니
우리는 가족의 영혼을 따르며
함께 걷는 길에 언제나 기대어 있네.

∽

가족은 하늘의 선물로
서로의 사랑과 이해 속에서
함께 성장하고 빛나는 존재이다.

∽

• 마음나누기 •　　년　　월　　일　　요일

지금 내 마음은 ________________ 마음입니다.

왜냐하면 ________________ 때문입니다.

그리고 
감사의 순간들

Thank you

________________ 감사합니다

________________ 감사합니다

________________ 감사합니다

[행복편지-0153호]

## 공동체는 협력하는 것

농촌 공동체
행복의 미소가 빛나는 곳

협력과 나눔이 만들어내는
아름다운 소통

마음을 엮고 함께하는 그 순간
풍요롭고 행복한 삶이 피어납니다.

주민들이 손을 잡고 이루는 네트워크
서로의 지식과 기술을 나누며 성장하는 모습

상호 의존하며 협업하는 경제의 가치
우리가 모두 번영을 함께할 수 있습니다.

문화와 사회활동으로 맺어지는 우정과 연대감
축제와 전통이 불러오는 즐거움과 활력의 시간

인프라 개선과 시설 공유로 마음이 넓어지며
함께 걷는 길 위에서 행복이 만발합니다.

공공과 민간 단체가 손잡고 파트너십을 이루면서
주민 스스로가 주인인 공동체를 만들어갑니다.

정보 접근성 개선으로 지식과 기회를 나누며
리더십 발굴과 역량 강화로 앞으로 나아갑니다.

농촌 공동체여, 행복의 꽃을 다시 피워라!
함께 웃으며 성장하고 번영하자!

손에 손을 잡고 한 걸음 한 걸음 전진하여
사랑과 풍요로운 미래를 함께 꿈꾸어봅니다.

---

• 마음나누기 •    년    월    일    요일

지금 내 마음은 ____________________ 마음입니다.

왜냐하면 ____________________ 때문입니다.

그리고
감사의 순간들

Thank you

____________________ 감사합니다

____________________ 감사합니다

____________________ 감사합니다

---

[행복편지-0162호]

## 몸과 마음을 돌본다는 것

아침에 눈을 뜨면
'아!'하는 설레는 탄성과 함께 살아있음에 감사함이 밀려옵니다.
제일 먼저 내 몸과 내 마음에게
'고맙다, 고맙다.' 말을 건네며 보드랍게 천천히 쓰다듬어 줍니다.

코로 숨을 들이쉬며 잠시 멈추다가
입으로 후-욱하며 길게 내쉽니다.
가만히 들숨과 날숨에 집중하며 평온한 순간을 느껴봅니다.

지금 내 몸이 어떤지 살펴봅니다.
손과 팔을 펴고 오므리고, 어깨와 가슴을 활짝 펴고
발을 바닥에 살며시 내디디고 천천히 한발 한발 걸어 봅니다.

지금 내 마음이 어떤지 들여다봅니다.
즐거운지, 화가 나는지, 평화로운지, 불안한지,
행복한지, 괴로운지, 찬찬히 마음을 알아차립니다.

힘들어하는 몸과 마음에게
'수고했어, 고마워, 잘했어, 괜찮아질 거야.'
말해주며 사랑해 줍니다.

사랑의 에너지가
온 우주의 밝은 빛으로 환하게 비추어

내 몸 곳곳을 맑게 해 주고
내 마음을 가볍게 해 줍니다.

환한 미소가 지어집니다.
밝은 빛이 이웃과 세상에 전달되어
우리 모두의 몸과 마음이
맑고 가벼워집니다.

서로의 몸과 마음을 자연스럽게
보듬어주고 이해하게 됩니다.

몸과 마음을 돌본다는 것은
나에 대한 존중이고
세상에 대한 사랑입니다.

지금 이대로의 우리가
충분히 빛나고 행복하다는 것을
진심으로 알게 됩니다.

삶이 감사함으로 충만하게 됩니다.

---

**• 마음나누기 •** 년 월 일 요일

**지금 내 마음은** ______________________ **마음입니다.**

**왜냐하면** ______________________ **때문입니다.**

그리고
감사의 순간들

______________________ 감사합니다

______________________ 감사합니다

______________________ 감사합니다

---

[행복편지-0163호]

## 둘이 연결된 사랑

우리는 서로 많이 다릅니다.

오해를 해 답답하기도 하고
갈등으로 문제가 생기기도 하고
이해가 안 되어 막막하기도 합니다.

상대의 처지에서 생각하지 못해
서로를 받아들이기 힘들 때도 있습니다.

감사하게도 우리는
지혜롭게 헤쳐 나갑니다.

서로를 믿고
생각하는 마음이 깊어집니다.

마음을 감싸안아 주어
포근하고 평온해집니다.

배려하고 존중하는 마음으로
행복합니다.

같은 방향을 바라보니
마음이 통하는 것을 느낍니다.

둘이 연결된 사랑의 에너지를
세상과 나눕니다.

우리는 함께 나누는 진정한 벗이자
결을 지켜주는 인생의 든든한 동반자입니다.

서로에게 행복을 주는 소중한 인연
그래서 우리는 늘 감사한 마음으로 살아갑니다.

**우리는 서로 다름을 이해하고 인정하여**
**행복을 나누는 진정한 동반자이고**
**소중한 인연이다.**

---

• 마음나누기 •  년  월  일  요일

지금 내 마음은 ______________________ 마음입니다.

왜냐하면 ______________________ 때문입니다.

그리고
감사의 순간들

______________________ 감사합니다

______________________ 감사합니다

______________________ 감사합니다

---

[행복편지-0165호]

## 행복을 나누는 황금 붕어빵

이거 얼마예요?
그냥 드시면 됩니다.

정말요?

농촌활동가들이 준비한 행사 이벤트로
황금 붕어빵 체험 나눔을 했다.

붕어빵 기계를 준비하고
반죽과 팥앙금 등 재료를 만들었다.

앗! 깜박하고 가스와 붕어빵 기계 연결 준비를 못했다.
옆에 캠핑온 분께 가스 안정기를 빌려 보았지만 안 맞다.

면 소재지 철물점에도 가보고
가스업체에도 연락도 하고 만나 보았지만 없단다.

읍소재지로 가서 이곳저곳을 다니며
수소문 끝에 가스 안정기를 구매하여 제작할 수 있었다.

그 사이 활동가들은
붕어빵 기계에 기름을 칠하여
때 빼고 광을 내며 가스 불을 기다리고 있다.

가스를 연결하여 불이 올라오자
10개의 황금 붕어 틀이 춤추기 시작한다.

기름칠하고 판을 돌리며
반죽을 넣고 팥앙금을 넣고 또 반죽을 넣고

한 번 돌리기 두 번 돌리기 최종 뒤집기
황금 붕어빵이 덩실덩실 춤을 춘다.

만드는 우리도 덩달아 신이 나고
줄 서서 기다리는 아이들도 어른들도 신이 난다.

깊어 가는 가을밤의 보름달도
황금빛으로 더 밝고 더 빛이 난다.

덩실덩실 춤추는 황금 붕어빵과 함께
즐겁고 유익한 시간이었고
이웃과 함께 행복을 더 나누고 싶다.

• 마음나누기 • 년 월 일 요일

지금 내 마음은 ______________________ 마음입니다.

왜냐하면 ______________________ 때문입니다.

그리고
감사의 순간들

______________________ 감사합니다

Thank you

______________________ 감사합니다

______________________ 감사합니다

[행복편지-0167호]

## 집착 없는 자유를 향하여

흐르는 삶
변화와 흩어짐의 연속
잡으려 해도 손끝에서 미끄러져 흘러가네.

세상은
일그러진 거울이라 해도
집착에서 해방된 자유를 향해 나아가네.

성인들의 가르침
그 지혜를 품에 안고
너와 나, 모두 흘러가는 강물처럼

탐욕과 욕망을 버리고
충만함과 자비로 가득한 삶을 느낀다.

명상으로 내면의 평화를 찾아
진실한 나를 만나는 여정을 시작하리.

집착을 벗어나는 마음의 자유를 향해
불변의 존재를 꿈꾸는 시간을 가져보리라.

세상은 변화하고 흘러가는 강물이며
집착하지 않는 마음으로 피어나는 꽃이네.

자연의 지혜가 가리키는 길을 따라
세상의 흐름에 몸을 맡겨 살아가리라.

∽

**삶은 변화의 연속으로**
**집착을 벗어나 자유롭게 흐르며**
**진정한 나를 찾는 여정이다.**

∽

---

• 마음나누기 • 년 월 일 요일

---

지금 내 마음은 ______________________ 마음입니다.

왜냐하면 ______________________________ 때문입니다.

그리고
감사의 순간들

Thank you

__________________________ 감사합니다

__________________________ 감사합니다

__________________________ 감사합니다

---

[행복편지-0175호]

## 쉼과 멈춤

평정심을 잃을 때
내 안에 빛을 찾고 싶을 때

인정하고 허용하며
감정을 받아들이는 법을 배운다.

가끔은 힘들고 지친 나를 위해
스스로 지원하고 격려해 준다.

나라 할 것도 내 것이라 할 것도 없는
그저 잠시 머물다 다시 자연으로 되돌아갈 뿐.

잠시 자연 속에 나를 맡기고
바람 따라 구름 따라 우리를 되돌아본다.

자기 자신을 돌보고 사랑하며
긍정적인 자기 대화를 건네며 위로하고 격려한다.

나를 위해 가끔은 쉼을
우리를 위해 때론 멈춤을 선물하고

조금씩 나아가는 나를 믿으며
평정과 안정의 길을 걷고 있는 나를 사랑한다.

그리고 지금 내가 여기에 깨어있으며
나의 길을, 우리의 길을 같이 갈 수 있음에 감사한다.

∽

평정심을 찾고 감정을 받아들이며
스스로를 사랑하고 격려하는 것이
나의 길을 밝혀준다.

∽

• 마음나누기 •　　년　　월　　일　　요일

지금 내 마음은 ______________________ 마음입니다.

왜냐하면 ______________________ 때문입니다.

그리고
감사의 순간들

Thank you

______________________ 감사합니다

______________________ 감사합니다

______________________ 감사합니다

[행복편지-0181호]

## 나의 평화가 세계의 평화

주민자치 교육과 환경 포럼에 참석하면서
우리가 진짜 원하는 것이 무엇인가를 생각해 본다.

무엇이 문제이고
어떻게 하면 그 문제를 해결할 수 있을까?

그리고 우리가 어떻게 하면
조금 더 행복할 수 있을까?

내 마음의 평화, 우리의 평화,
우리 지역과 대한민국의 평화, 그리고 세계의 평화

평화는 상호 존중과 이해로부터 시작하고
나를 존중하고 나를 이해하면서부터 시작한다.

내가 평화로워야
내 이웃도, 우리 지역도 평화로울 수 있다.

우리 지역이 평화로워야
우리 대한민국이, 전 세계가 평화로울 수 있다.

저 멀리에서 벌어지는 전쟁이
남의 일이 아닌 이유이다.

모든 것은 나로부터 시작하여
나에게로 다시 돌아온다.

믿음과 사상과 가치관은
나와 다를 수 있고, 서로 다를 수 있다.

서로 다름을 인정하며
내 마음과 먼저 대화하자.

그리고 서로를 이해하는 대화를 시작하는 것
이것이 평화의 시작이다.

모든 것은 나로부터 시작하여
우리에게로 우리 지역으로

그리고 전 세계를 돌고 돌아
결국 나에게로 다시 돌아오기 때문이다.

• 마음나누기 • 년 월 일 요일

지금 내 마음은 ______________________ 마음입니다.

왜냐하면 ______________________________ 때문입니다.

그리고
감사의 순간들

Thank you

______________________ 감사합니다

______________________ 감사합니다

______________________ 감사합니다

[행복편지-0184호]

## 나는 그저 그냥 합니다

가볍게 눈을 뜨고
가볍게 숨을 내쉽니다.

평범함이 가장 소중하다는 것을 알고
그냥 합니다.

그냥 한다는 지혜의 목소리

가볍게 눈을 뜨고
가볍게 숨을 내쉬는 순간
평범함이 더욱 소중한 이유를 알게 됩니다.

마음속 깊은 곳에서 피어나는 감정
그 소중한 순간을 놓치지 않기 위해
나는 그저 그냥 합니다.

인생의 미로 속에서 헤맬 때도
어떤 어려움에 직면하더라도

마음을 불태우는 불꽃을 잃지 않으며
그저 그냥 합니다.

나의 길을 비추는 별들과 함께
세상의 시끄러움에 휩쓸려도
나만의 소중한 목표를 향해
그저 그냥 합니다.

사랑의 꽃을 피우는 순간
그 소중한 순간을 놓치지 않기 위해
그저 그냥 합니다.

행복의 노래를 부르는 순간
그 소중한 순간을 놓치지 않기 위해
그저 그냥 합니다.

그냥 한다는 작은 결심의 힘
세상을 밝게 비추는 빛이 되어
나의 삶을 채워가며

나는 그저 그냥 합니다.

• 마음나누기 • 년 월 일 요일

지금 내 마음은 ______________________ 마음입니다.

왜냐하면 ______________________ 때문입니다.

그리고
감사의 순간들

Thank you

______________________ 감사합니다

______________________ 감사합니다

______________________ 감사합니다

[행복편지-0187호]

## 물 흐르듯이 산다는 것

물 흐르듯이 산다는 것은
머무름이 없이 산다는 것

집착하지 않고
인연 따라 산다는 것이다.

물 흐르듯이 산다는 것은
시간을 헤아리지 않고 흐르는 삶을 의미하며

머무름 없이 순환하는 세월 속에서
자유로운 존재로 산다는 것이다.

집착 없는 마음으로 세상을 바라보며
한없이 번져가는 인연에 맞춰 흘러가는 나는

꽃잎처럼 부드럽고 아름다운 순간들을
마음 깊이 간직한다.

하늘을 둥실둥실 떠다니는 구름처럼
바람에 스치는 나뭇잎처럼 자유롭게 날고

아래로 흘러가는 물결처럼 자유롭게 춤추며
세상의 소리에 휘둘리지 않는 자유로움을 꿈꾼다.

물 흐르듯이 산다는 것은
흘러가는 대로 흐르며 머무르지 않는 것이고

시간과 공간을 초월하여
영원한 자유를 만끽하는 것이다.

물 흐르듯이 산다는 것은
집착하지 않고 인연 따라 사는 삶이고
자유롭고 행복한 삶이다.

오늘도 지금 나는 그 자유를 품고
머물지 않고 계속 흘러갑니다.

• 마음나누기 • 년 월 일 요일

지금 내 마음은 ______________________ 마음입니다.

왜냐하면 ______________________ 때문입니다.

그리고
감사의 순간들

Thank you

______________________ 감사합니다

______________________ 감사합니다

______________________ 감사합니다

[행복편지-0190호]

## 참나

신성한 빛으로 가득 찬
우리의 몸과 마음
우리는 모두 눈부시게 빛나는 존재

나는 이미 크고 온전하며
풍요로운 내 안의 나를 믿어본다.

그대로의 나를 인정하며
'사랑해, 괜찮아, 잘했어.'라고 하며 안아준다.

다른 이들 역시
황금빛으로 찬란하게 빛나고 있고
우리 각자의 삶은 모두 독특하고 빛나는 별이다.

이 순간, 우리는 완전하고 풍요롭다.
자유로움과 온전함으로 가득 차 있다.

끝없는 우주를 향해 나아가는 우리
그리고 각자의 길을 걸어가는 우리

모두가 마주친 이 순간
한 줄기 빛으로
환하게 빛나고 있다.

너와 나, 우리는 모두
찬란한 별이다.

∽

우리는 각자 고유한 빛을 지닌 존재로
서로를 인정하고 사랑함으로써
더욱 찬란하게 빛난다.
이 순간 우리는 완전하고 풍요로운 삶을
함께 나누는 별이다.

∽

• 마음나누기 • 년 월 일 요일

지금 내 마음은 ______________________ 마음입니다.

왜냐하면 ______________________ 때문입니다.

그리고 감사의 순간들

______________________ 감사합니다

______________________ 감사합니다

______________________ 감사합니다

Thank you

[행복편지-0193호]

## 날마다 새로운 날

하루가 저물어가고
또 새로운 하루가 밝아온다.
경험과 배움의 시간이 흘러가고
사람들과의 만남이 그리움을 남긴다.

인생은
끊임없는 여행이다.

증오와 상처
그리고 사랑과 희망이 어우러진
작은 모험들이 살아있는 이야기이다.

내가 살아가는 이 세상은
다양한 색과 빛이 물들어

한 사람 한 사람의 이야기가
눈부시게 펼쳐지는 곳이다.

밤하늘은 별들로 가득하고
바람은 그들의 목소리를 전해주고
하나하나 소중한 사람들을 만나며
새로운 이야기가 시작된다.

하루 동안의 일들을 돌아보며
새날에는 희망을 안고
다가오는 날들을 기대한다.

인생의 여정을 함께 걷는 동안
우리는 서로에게서 배움을 얻고

힘이 들 때는 서로를 지켜주며
그리고 서로를 사랑으로 연결해 준다.

새날에도
희망과 사랑이 함께하며

더 나은 세상을 만들어가는
아름다운 이야기의 주인공이 되기를 바란다.

행복과 기쁨이 가득한
하루가 되기를 바란다.

감사합니다. 사랑합니다.
그리고 행복합니다.

• 마음나누기 •　　년　　월　　일　　요일

지금 내 마음은 ______________________ 마음입니다.

왜냐하면 ______________________ 때문입니다.

그리고
감사의 순간들

Thank you

______________________ 감사합니다

______________________ 감사합니다

______________________ 감사합니다

[행복편지-0198호]

## 경탄과 향유 그리고 사랑

잘 산다는 것은
경탄, 향유, 그리고 사랑의 능력

참 좋았다, 참 좋구나!
경탄의 능력

아름다움을 아름다움으로 적극적으로 느낄 수 있는
향유의 능력

느림 속에서 태어나는
사랑의 능력

산다는 것은
더 나은 세상을 꿈꾸고 향해 나아가는 것

아름다움을 발견하며
미소 짓는 순간

한 줄기 햇살이
내 얼굴을 스치며 떠나는 그 순간
이것이 나에게는 경탄의 순간이다.

사랑은 느림 속에서 태어난다.

서로를 이해하며 지켜주는 그 순간
작은 손길이 따뜻함을 전하며 서로의 곁에서 힘을 얻는 그 순간

아름다움을 찾아 향유하며
서로를 사랑하는 마음으로
순간순간을 소중히 살아간다.

마치 향기로운 꽃이 피어나는 것처럼
아름다움을 찾고

그 아름다움을 즐길 수 있는
향유의 능력을 소유하여
느림 속에서 태어나는 사랑의 능력을 품고 살아간다.

어떤 순간이든
그 안에서 경탄과 향유 그리고 사랑을 느낄 수 있다면

그리고 그 순간들을 소중히 여길 수 있다면
우리는 참으로 풍요로운 인생을 살아갈 수 있을 것이다.

• 마음나누기 • 년 월 일 요일

지금 내 마음은 ______________________ 마음입니다.

왜냐하면 ______________________ 때문입니다.

그리고
감사의 순간들

Thank you

______________________ 감사합니다

______________________ 감사합니다

______________________ 감사합니다

[행복편지-0199호]

## 겨울은 또 봄을 선물한다

추운 겨울밤
창가에 앉으니
한기가 몸을 휘감는다.

바람은
차디찬 입맞춤을 건네며
날카로운 이끼 속에 느릿한 시간이 흘러간다.

감기에 시달리는 이 순간도
시작이 있었으니

휘청거리고 허약해진 몸도
머지않아 건강을 회복할 것이다.

한결같이 변치 않는 것은 없으니
바이러스도 그렇고 인생도 그러하듯

그렇기에 나는 여전히
희망을 간직하고 있다.

열이 나고 식고
몸살이 생기고 사라지고
두통도 찾아와 내게서 떠나간다.

침 삼키기 힘들 정도로
목이 아프고 통증도 깊어지지만

나는 곧 나아질 것을 믿는다.
그렇기에 지금은 휴식을 취한다.

온몸을 풀어 푸른 숲으로 떠나
자연의 속삭임에 귀 기울인다.

끝이 보이지 않을 것 같은 이 겨울도
어느새 봄이 찾아올 것을 알기에

나는 믿음을 가슴에 품고
이 시간을 또한 즐거이 즐긴다.

---

• 마음나누기 • 년 월 일 요일

지금 내 마음은 ______________________ 마음입니다.

왜냐하면 ______________________ 때문입니다.

그리고 감사의 순간들

Thank you

______________________ 감사합니다

______________________ 감사합니다

______________________ 감사합니다

---

[행복편지-0208호]

## 살아가는 신비

감사의 깊은 뜻이 살아 숨 쉬는
이 시간, 이 순간 모든 것을 담아내리라.

용서의 마음, 반성의 마음, 수용의 마음
모두가 서릿발같이 느껴지는 이 마음속에.

참아내는 것, 받아들이는 것, 그 모든 것이
감사의 한 줄기 빛이 되어 세상을 밝힌다.

세상을 보는 눈이 달라지는 순간
그것이 바로 감사의 본질인 것을.

혼자인 사람은 없다.
우리는 모두 남의 도움을 받아 가며 살아가는 존재

그 도움에 감사함을 느끼는 순간
세상이 더욱 아름다워짐을 깨닫는다.

살아있는 자체가 신비로운 것
우리가 모두 감사하는 마음으로 살아가는 것

그 마음이 우리를 더욱 풍요롭게 만들어
오늘도 감사하고, 사랑하고, 행복하게 한다.

감사의 마음이 이 세상을 더욱 아름답게 만들어
오늘에 감사하고, 사랑하며, 행복해하자.

우리가 모두
감사하는 마음으로 살아가는 것

그것이 바로 삶의 본질이며
그것이 바로 행복이다.

• 마음나누기 • 년 월 일 요일

지금 내 마음은 ________________ 마음입니다.

왜냐하면 ________________ 때문입니다.

그리고
감사의 순간들

Thank you

________________ 감사합니다

________________ 감사합니다

________________ 감사합니다

[행복편지-0209호]

## 그냥 한다

지금 해야 할 일
지금 하고 싶은 일
지금 할 수 있는 일을 그냥 한다.

그냥 한다는 것은

기대하거나 바라지 않는 것
탐하거나 집착하지 않는 것
그래서 자유로워지는 것

그대로 인식하고 받아들이는 것
우리가 경험하는 세상이나 상황
또는 우리 자신을 그대로 받아들이고
그 안에서 깨닫는 것

모든 법은
생각하지 않는 자연 그대로의 법이고
이것이 바로 중생의 마음

불필요한 생각이나 판단 없이
모든 것을 그대로 받아들이면서
세상을 진정으로 이해하고 행동하는 것

자신을 평가하거나
판단하는 생각에서 벗어나
진정한 평화와 자유를 느끼는 것

이것은 마치
물이 그릇의 형태를 그대로 받아들이고
세상을 진정으로 이해하며
그 안에서 깨달음을 얻을 수 있는 길

우리의 마음을 깨끗하게 비우고
현재에 충실하게 살아가는 것

세상을 있는 그대로 받아들이고
자신의 마음을 평온하게 유지하며
복잡한 생각이나 감정에서 벗어나는 길

고통의 원인은
'무지'와 '욕망' 그리고 '분노'

우리가 세상을 잘못 인식하고
자신이 원하는 것을 얻기 위해

끊임없이 노력하면서
고통을 경험하는 속박된 길

고통에서 벗어나기 위해서
자신과 세상을 정확히 이해하고
그대로 받아들이는 것

이것이 바로 '그냥 한다'이다.

극단적인 생각이나 행동을 피하고
중립적인 자세로 세상을 바라보는 것
'그냥 한다'는 행위를 통해
우리는 세상을 객관적으로 바라보고

자신의 감정이나 생각에 휘둘리지 않는
중도의 길을 걸을 수 있다.

이것은 진정한 평화와 해방을 얻기 위한 길이자
깨달음을 이루는 방법

그냥 하는 것
그 길을 묵묵히 오늘도 그냥 간다.

• 마음나누기 •  년 월 일 요일

지금 내 마음은 ______________________ 마음입니다.

왜냐하면 ______________________ 때문입니다.

그리고 감사의 순간들

Thank you

______________________ 감사합니다

______________________ 감사합니다

______________________ 감사합니다

# 2부

# 사랑의 씨앗, 함께하는 삶

[행복편지-0219호]

지금 내 마음은 가벼운 마음입니다.
왜냐하면 하나하나 정리가 되고 있기 때문입니다.

## ■ 바삭하고 담백하게

칭찬에도 흔들리지 말고
비난에도 흔들리지 마라.

모든 화는 입으로부터 나온다.
그래서 입을 잘 지키라고 했다.

가벼운 마음으로 걸어가는 길
하나하나 정리되는 이 순간

칭찬에 흔들리지 않는 마음으로
비난에도 흔들리지 않는 마음으로.

입으로부터 나온 모든 화를 조심하고
입을 잘 지키는 것

들은 것을 다 말해버리고 본 것을 다 말해버리면
거칠게 되고 궁지에 빠지게 된다.

바삭하고 담백하게 표현하고 가벼운 마음으로 걸으며
하나하나 정리해 나가는 길

평온한 마음으로 칭찬을 받아들이고
강인한 마음으로 비난을 헤쳐 나간다.

입에서 나오는 말을 조심하며 마음을 잘 다스리는 것
들은 것을 지혜롭게 고려하고
본 것을 지혜롭게 행동에 옮기면
거칠지 않은 삶을 살아가게 된다.

가벼운 마음으로 걷는 길에
하나하나 정리해 나가는 이 순간
바삭하고 담백한 말과 평화로운 마음으로
삶을 채워가며 더 나은 모습으로 나아간다.

• 마음나누기 • 년 월 일 요일

지금 내 마음은 ______________________ 마음입니다.

왜냐하면 ______________________ 때문입니다.

그리고 감사의 순간들

Thank you

______________________ 감사합니다

______________________ 감사합니다

______________________ 감사합니다

[행복편지-0230호]

지금 내 마음은 평온한 마음입니다.
왜냐하면 지난해가 정리되고 새로운 한 해를 계획하며
그냥 지금 여기에 깨어있기로 했기 때문입니다.

## ■ 세상을 향한 사랑의 시작

마음의 한 편, 평온함을 얹고
새로운 한 해를 희망의 지게에 짊어지고
지금, 이 순간을 선택하여 여기에 깨어있다.

여기 지금, 이 순간에 깨어있는 나
과거의 그림자, 미래의 걱정 뒤로한 채

지금, 여기 잠시 머무는 이 순간
집착의 연기와 불안의 선율은 사라져 버렸다.

과거와 미래
그 어느 곳에도 나는 없다.

지금, 이곳
이 순간에만 나는 있다.

한 걸음, 한 숨, 한 눈빛, 모두 지금의 나
그저 여기에 이 순간에 깨어있는 나

집착과 걱정 불안이 사라진 곳
지금 여기, 이 순간에 깨어있는 나
세상을 향한 사랑의 시작이다.

그 사랑은 과거와 미래가 아닌
지금, 여기 이 순간에 깨어있는
나를 통해 흐른다.

지금 여기에 깨어있는 나
그것이야말로 세상을 향한 사랑의 시작이며

그 사랑이 바로
나의 존재,
나의 꿈,
나의 희망이다.

• 마음나누기 •　　년　　월　　일　　요일

지금 내 마음은 ______________________ 마음입니다.

왜냐하면 ______________________ 때문입니다.

그리고
감사의 순간들

Thank you

______________________ 감사합니다

______________________ 감사합니다

______________________ 감사합니다

[행복편지-0234호]

지금 내 마음은 가벼운 마음입니다.
왜냐하면 가족들과 함께 맛있는 음식을 먹고
담소도 나누며 충분히 쉬었기 때문입니다.

## ■ 세상의 주인으로 살아가는 법

물의 맛, 공기의 향
그 무색무취가 생명의 비밀
만약 물의 맛과 공기의 향이 있다면
그것은 평생 질릴 수밖에 없을 것이다.

투명한 물과 맑은 공기는
나를 살리는 생명의 기둥
내게 주어진 이 세상의 주인이 되는 비법

살아있음은 기적
눈 뜨고 감는 것이 기적
우리의 인생, 그 모든 것이 기적인 것

그 기적 속에
보석 같은 오늘 하루가 주어졌다.

그렇게 주어진 하루하루
행복을 밝히며 힘찬 삶을 살아가자.

이것이 바로
삶의 기적
세상의 주인이 되는 비법이다.

이런 마음으로 지금 내 마음은 가벼워진다.
가족과 함께 먹는 맛있는 음식
함께 나누는 따뜻한 담소
그것이 바로 쉼의 기적이고 행복의 비법이다.

그래, 이것이 기적 같은 삶
세상의 주인이 되는 법

지금, 이렇게 살아가면
내일은 또 다른 보석 같은 하루가 올 것이다.

• 마음나누기 • 년 월 일 요일

지금 내 마음은 ____________________ 마음입니다.

왜냐하면 ____________________ 때문입니다.

그리고
감사의 순간들

Thank you

____________________ 감사합니다

____________________ 감사합니다

____________________ 감사합니다

[행복편지-0242호]

지금 내 마음은 안타까운 마음입니다.
왜냐하면 극단적 이기주의와 극단적 개인주의로
인간성이 상실되어 가는 세상이 너무 안타깝기 때문입니다.

## ■ 흐르는 강물처럼

세상을 살아가는 법
그것은 자연을 받아들이는 것

이기주의와 개인주의의 파도에 흔들리는 인간성
그러나 인간은 흐르는 강물처럼 변해도 변하지 않는 것

"고요한 강물도 깊이 흐르니, 가는 곳을 알고 흐르는 것이다."
가는 곳을 알아야 자신의 본질을 잃지 않으며
마치 강물처럼 유유히 흐를 수 있다.

과거에도, 현재에도, 미래에도 변하지 않는 세상
그것은 인간이 사는 세상 그 자체이다.

괴로움 속에서도
우리는 강물처럼 흘러간다.

인간성의 상실
그것은 잠시의 일이라고
우리는 다시 찾을 수 있다고 믿어본다.

강물이 바다를 향해 흐르듯이
그것도 자연스럽게 그렇게 될 것이다.

"인간은 끊임없이 흐르는 강물
그것은 변해도 변하지 않는 것이다."

우리도 강물처럼
변해도 변하지 않는 것

자연을 받아들이고 순응하며
인간성을 되찾을 수 있도록 노력하는 것

그것이 바로, 흐르는 강물처럼
세상을 잘 살아가는 방법이다.

• 마음나누기 • 년 월 일 요일

지금 내 마음은 ______________________ 마음입니다.

왜냐하면 ______________________ 때문입니다.

그리고
감사의 순간들

Thank you

______________________ 감사합니다

______________________ 감사합니다

______________________ 감사합니다

[행복편지-0243호]

지금 내 마음은 포근한 마음입니다.
왜냐하면 한 겨울철인데 계곡물이 얼지 않고 졸졸졸 흘러 항상 봄기운을 느낄 수 있기 때문입니다.
기후위기, 걱정만 할 때는 지난 것 같습니다.

## ■ 함께하는 세상, 위기 속의 새로운 기회

포근한 겨울
계곡물이 졸졸 흐르는 것처럼
내 마음도 따뜻하게 느껴진다.

가슴에 피어오르는 봄기운
그것은 새로운 희망의 싹이다.

"위기는 곧 기회"라는 흔한 말
하지만 지혜의 말
그것은 바로 나, 너, 우리의 삶에 담긴 진리

환경위기, 기후위기, 전쟁위기,
그 모든 위기 속에서도 새로운 기회를 찾아가는 것
그것이 바로 인생의 여정

"어렵고 힘들수록
소중한 가치를 더 잘 알게 된다."
그 가치란 바로 사랑, 존중, 배려, 그리고 행복

우리는 모두 그 속에서 살아가며
수많은 위기 속에서도 행복해질 수 있다.

"모든 것이 함께 선을 이루리라."
우리는 서로를 존중하고 배려하며
함께하는 세상을 만들어가는 것

그것이 바로 가장 큰 가치,
가장 큰 행복이다.

우리는 모두가
그런 세상을 꿈꾸며
매일매일 새로운 기회를 찾아간다.

그것이 바로 우리의 삶,
우리의 여정이다.

• 마음나누기 • 년 월 일 요일

지금 내 마음은 ______________________ 마음입니다.

왜냐하면 ______________________ 때문입니다.

그리고 감사의 순간들

Thank you

______________________ 감사합니다

______________________ 감사합니다

______________________ 감사합니다

[행복편지-0244호]

지금 내 마음은 아픈 마음입니다.
왜냐하면 다른 이들을 위한다고 했던 일들이
다른 이를 아프게 하고 나의 마음이 더 아프기 때문입니다.
지금은 멈추어야 할 때인 것 같습니다.

## ■ 다른 이를 위하고 나를 위한 행복의 선택

이 세상에 삶의 이유를 찾아 헤매던 나
이 세상을 조금이라도 이롭게 하고자 전념했던 나

그것이 다른 이를 위하고
나를 위하는 길이라 생각했던 나

그러나 나의 선행이
다른 이를 아프게 한다면
나의 마음은 어떤 것으로 물들어 있는 것일까?

인간의 본성이 선하다는 성선설
아니면 악하다는 성악설

양면성을 가진 '지킬 박사와 하이드'처럼
내 마음은 무엇으로 물들어 있는 것일까?

나의 삶이 다른 이의 즐거움이라면
기꺼이 받아들이며 나는 그 길을 걸을 것이고

나의 죽음으로
다른 이들이 삶을 얻는다면

나는 그대로 미소를 짓고 말 것이다.
내 마음의 본성이 무엇이든 간에
다른 이를 위해 살아가는 것이
나를 위하는 길이라고 참된 삶이라고 믿는다.

내 마음이 아프다 해도
그 아픔을 위로하며 다른 이를 위해 살아가는 것이
나를 위해 가는 나의 길이라 믿는다.

모든 것이 허무하게 느껴지거나 내 마음이 아플 때
나의 길을 잊지 말고 살아가길 나에게 바란다.

나의 삶이 다른 이에게 희망이 되길
나의 아픔이 다른 이의 행복이 되길
그것이 나의 소망이고 그것이 내 삶의 이유이다.

그래서 더 내려놓고 외로울 수밖에 없습니다.

죄송합니다. 미안합니다.
그리고 사랑합니다.

• 마음나누기 • 년 월 일 요일

지금 내 마음은 ______________________ 마음입니다.

왜냐하면 ______________________ 때문입니다.

그리고
감사의 순간들

______________________ 감사합니다

______________________ 감사합니다

______________________ 감사합니다

[행복편지-0252호]

지금 내 마음은 맑은 마음입니다.
왜냐하면 잠에서 깨어 일어나, '아, 좋다!'라는 말이 나오고
휴-우하고 깊은숨을 내쉬었기 때문입니다.
생각해 보니 어제 행복 시민 활동 덕분입니다.

## ■ 미안해요 용서해요 고마워요 사랑해요

바다 위 새벽에 뜬 별들처럼 맑은 당신의 마음을 찬미합니다.
눈 뜨고 숨을 쉬며 새로운 삶의 아침을 맞이하니 참 좋은 느낌입니다.

"내가 알지 못하는 것들을 미안하게 생각하지 마라.
모든 것이 나의 계획일뿐이다."
아직 알지 못하는 일들
그것이 우리에게 주어진 미래입니다.

미안하다는 말, 그것은 용기의 시작이며
내가 아직 배울 것이 많다는 인식의 표현입니다.

"그러나 우리는 그들을 용서해라.
그들이 무엇을 하는지 모른다."
무엇인지 모를 수도 있는 것들
그것은 우리에게 미지의 세계입니다.

용서한다는 말, 그것은 이해의 깊이며
내가 아직 배울 것이 많다는 인식의 표현입니다.

모든 것에 감사하는 마음
그것은 우리의 삶이 주어진 선물임을 알아차리는 것입니다.

"그럼에도 불구하고 항상 기뻐하라.
끊임없이 기도하며, 모든 일에 감사하라."

감사하다는 말
그것은 마음의 풍요로움이며
내가 아직 배울 것이 많다는 인식의 표현입니다.

우리 모두를, 그리고 나를 사랑하는 것
그것은 우리가 모두 하나의 가족임을 알아차리는 것입니다.

"너희가 서로 사랑하게 하라.
나의 사랑이 너희에게 있듯이, 너희도 서로 사랑하게 하라."
사랑한다는 말, 그것은 마음의 깊이이며
내가 아직 배울 것이 많다는 인식의 표현입니다.

이렇게 당신의 마음은 맑고, 세상은 아름다운 곳입니다.
"미안해요, 용서해요, 고마워요, 사랑해요."라는 네 가지 말이
당신의 삶을 더욱 풍요롭게 만들어가고 있습니다.

---

**• 마음나누기 •** 년 월 일 요일

**지금 내 마음은** ______________________ **마음입니다.**

**왜냐하면** ______________________ **때문입니다.**

**그리고 감사의 순간들**

______________________ 감사합니다

______________________ 감사합니다

______________________ 감사합니다

[행복편지-0276호]

지금 내 마음은 고마운 마음입니다.
왜냐하면 맑고 밝은 햇살이 쏟아지는 창가에서
사랑이 가득한 식사를 하고 있기 때문입니다.
주어진 것에 만족하고 지금 이대로 감사합니다.

## ■ 풀꽃처럼 가볍게 살아가는 삶

나의 마음이 가득 찬 이 창가에서
햇살은 고마움을, 사랑은 양식을 선물해 줍니다.

주어진 이 순간을 누리며
이대로 감사를 전합니다.

우리는 모두 세상의 작은 풀꽃
길가에서도 아름답게 피어나는 존재

그저 풀꽃처럼 살아가는 것이 인생의 진리
단순함 속에 깊은 행복이 숨어 있습니다.

자유를 원하고 행복을 바라는 마음
그 무거움을 내려놓고 가볍게 느껴보세요.

그리하면 별별 사소한 일들도
우리를 행복하게 만들어 줍니다.

삶이 별것 아니라는 걸 알면
그 순간부터 삶은 위대해집니다.

"너희는 지상에서의 소금이다."
우리 모두의 존재가
가치 있는 것이라는 것을 깨닫게 됩니다.

행복은 멀리 있지 않습니다.

바로 우리들의 마음속
그리고 주어진 이 순간에 존재합니다.

우리는 그저 살아가는 것이며
그 속에서 괴로움을 극복하고 행복을 누리는 것이
바로 우리의 삶이 꽃피는 순간입니다.

그리하여 인생은
늘 행복으로 가득합니다.

---

• 마음나누기 • 년 월 일 요일

지금 내 마음은 ________________ 마음입니다.

왜냐하면 ________________ 때문입니다.

그리고 감사의 순간들

Thank you

________________ 감사합니다

________________ 감사합니다

________________ 감사합니다

[행복편지-0306호]

지금 내 마음은 흡족한 마음입니다.
왜냐하면 퇴비 거름을 밭에 받아
골고루 뿌렸기 때문입니다.
씨를 뿌리기 전에 땅을 만들어야 합니다.

## ■ 사랑의 씨앗, 마음의 밭을 가꾸며

내 마음의 밭에 퇴비를 뿌리니
흡족함이 가득하고

씨앗을 뿌리기 전
땅을 만드는 것처럼
인생의 길도 준비와 마음가짐에서 시작되리.

친구와의 인연은 이익을 바라지 않고
사랑은 이타적일 때 더 빛나며
상대의 순종을 바라지 않네.

공덕은 인과응보 없이
마음의 순수함을 담아
진실한 선을 행하리.

이익을 넘치게 바라지 않으며 만족을 배우네.
억울함 속에서도 진실은 빛을 발하고
겸손과 인내로 맞서리.

"너희 마음을 넓혀라."
사랑과 이해로 서로를 포용하며 살아가리.

이 세상 모든 밭에 사랑의 씨앗을 뿌려
당신의 사랑으로 모두가 함께 자라나길.

마음의 밭을 가꾸어 좋은 열매 맺으리라.
행동과 마음가짐에서 당신의 가르침을 따르며
친구, 이웃과 함께 사랑과 평화의 열매를 나누리.

이익이 넘치지 않아도
마음은 풍요로워지리라.

마음의 밭 가꾸는 인생의 여정 속에서
당신의 사랑이 우리를 인도하리.

사랑과 평화의 길을 걸으며
진정한 행복과 만족을 찾아갑니다.

• 마음나누기 •　　년　　월　　일　　요일

지금 내 마음은 ______________________ 마음입니다.

왜냐하면 ______________________ 때문입니다.

그리고
감사의 순간들

Thank you

______________________ 감사합니다

______________________ 감사합니다

______________________ 감사합니다

[행복편지-0314호]

지금 내 마음은 고요한 마음입니다.
왜냐하면 온종일 비가 내리니
모든 것이 멈춘 듯하고 조용하기 때문입니다.
하늘에서 맑은 생명수가 한없이 내립니다.

### ■ 자연과 내가 하나 되는 이곳

고요한 마음, 비 내리는 소리, 천지가 잠잠한 듯
온 세상이 멈춰버린 듯 하늘에서 내리는 맑은 생명수
오늘도 그 무한한 은혜로움을 받는 날입니다.

자연 속 나를 발견하고, 숲속의 깊은 고독을 느끼며
나무와 땅, 바람과 물만이 이 고요함 속에서
나의 존재를 느끼게 하네.

빛 가운데서 생명이 시작되고, 물가의 나무처럼 푸르러지리.
영원히 흐르는 생명수가 내려주는 평안, 하늘과 땅이 만나는
저 작은 능선 아래에 소박한 나의 보금자리를 찾았네.

무엇도 필요치 않은 그저 있는 그대로의 나
산들바람, 흐르는 물소리, 나무의 속삭임
이 모든 것이 나의 언어, 나의 숨결

가끔 재잘거리는 새와 때가 되면 피어나는 개나리처럼
시공간 속에 조화롭게 걱정 없는 곳에서 고독을 만끽하고
내가 사랑하는 것과 나를 사랑하는 것이 함께하네.

무한한 우주 속 작은 존재, 그러나 하늘의 별들보다 소중한 나
이 풍경 속에서 나는 내 집을 찾고

내 안에 있는 생명,
내가 숨 쉬고, 걷고, 느끼는 모든 행위 속에
나 아닌 나의 진실이 있고, 그것이 나의 집, 나의 보금자리.

자연 속에서 삶의 강을 따라
진정한 나를 발견하며 사랑 속으로 흘러가고
때로는 잔잔하게 때로는 거칠게
그리고 그 사랑 안에서 한순간 잠시 머무네.

이 고요와 평안 속에서
나 자신과의 교감, 그것이 가장 소중한 시간
이 모든 것이 아름다운 선물
그 속에서 나는 진정한 집을 찾았네.

자연이 곧 나이고, 내가 곧 자연인 이 순환 속에서
영원한 진리를 깨닫고, 하늘과 땅, 모든 것이 연결되어 있는
지금, 이곳이 나의 영원한 보금자리입니다.

• 마음나누기 • 년 월 일 요일

**지금 내 마음은 ______________ 마음입니다.**

**왜냐하면 ______________ 때문입니다.**

그리고
감사의 순간들

Thank you

______________ 감사합니다

______________ 감사합니다

______________ 감사합니다

[행복편지-0331호]

지금 내 마음은 기다리는 마음입니다.
왜냐하면 아침이 밝아오면 밭에 나가 일을 할 수 있고
지역 주민들과 함께 성수산 환경정화 봉사활동을 할 수 있기 때문입니다. 역할에 따라 할 일이 다릅니다.

## ■ 기다림 속에 깨달음을 찾아서

산들이 잠에서 깨어나고
새벽빛이 푸른 잎사귀를 어루만지며
나의 마음은 기다림의 노래를 부릅니다.

성수산의 아침
나는 가볍게 발걸음을 옮깁니다.

행복의 문이 하나 닫히면
또 다른 문이 열린다고 하네.

닫힌 문을 바라보며 시간을 보내는 대신
열린 문을 향해 발걸음을 옮기리.

내 손이 다른 이에게 뻗어가는 것
그것이 바로 새로운 시작을 여는 열쇠

지역민과 함께하는 성수산의 아침
환경을 정화하며 우리의 영혼도 맑아지네.

분별과 무분별 사이에서
진정한 도를 찾아 헤매는 이들에게

진실은 경계에 있지 않다고
모양과 이름에 속지 말라고 가르치네.

기다림 속에서도 일하는 손길에서도
진리는 항상 나와 함께 하네.

이른 아침 밭에 나가 씨를 뿌리며
지역민과 함께 노래하며 나눌 때

나는 깨닫는다. 진정한 행복의 의미를
그리고 모든 존재와 연결된 나를.

분별의 벽을 허물고 무분별의 자유로움 속에서
진정한 자아를 찾아 성수산의 아침을 맞이하네.

이렇게 기다림의 끝에서 새로운 시작을 발견하고
마음이 이끄는 대로 진리의 길을 따라 걸어갑니다.

• 마음나누기 •　　년　　월　　일　　요일

지금 내 마음은 ________________ 마음입니다.

왜냐하면 ________________ 때문입니다.

그리고
감사의 순간들

Thank you

________________ 감사합니다

________________ 감사합니다

________________ 감사합니다

[행복편지-0412호]

지금 내 마음은 가벼운 마음입니다.
왜냐하면 평생 짊어지고 온 무거운 짐들이
하나씩 내려지고 있기 때문입니다.
어떤 것도 정해진 것이 없으니, 무엇이라도 할 수 있습니다.

## ■ 고요한 영혼의 자유

태어나 늙고 아프고 죽는 것은
인간사 변치 않는 진리라네.

욕심부리고 화내고 어리석게 살아가며
우리를 더 불행하게도 하고 행복하게도 하네.

번뇌의 바다에
여덟 가지 바른 배 띄워 건너면
해탈의 섬에 이르지만

그곳 또한 바다의 일부

넓은 들판 한가운데 서서 바라보니
한알 한알 농부의 손길로 자란 생명들

세월의 무게 짊어지며 걸었던 그 길
이제야 벗어던지니 한없이 가벼운 영혼

농촌 길 돌아보니
녹색 들판 가득하고
작은 실천 꽃피워 평화의 향기 물씬 나네.

부처님은 일체 행을 버리라 하고
예수님은 영생 천국에 이를 것을 일렀으나
우리는 이미 행하되 행하지 않고
우리는 이미 온전히 천국에 있네.

새 둥지를 떠나는 새처럼 자유로운 영혼
이 고요한 삶 속에서 무엇이든 날개를 펼치고
무한한 자연 속에서 기도하고 수행하며
바람 따라 물결 따라 여유롭게 흘러가네.

• 마음나누기 •　　　년　　월　　일　　요일

지금 내 마음은 ______________________ 마음입니다.

왜냐하면 ______________________ 때문입니다.

그리고
감사의 순간들

Thank you

______________________ 감사합니다

______________________ 감사합니다

______________________ 감사합니다

[행복편지-0417호]

지금 내 마음은 편안한 마음입니다.
왜냐하면 불편했던 마음을 돌이켜 보니
'내 마음이 일으켰구나'하고 바로 알아차렸기 때문입니다.
이럴 수도 있고 저럴 수도 있으며 그저 다를 뿐입니다.

## ■ 둘이 아닌 하나로 보는 마음

"존중은 높이고 귀하게 여기는 것이고
배려는 보살펴 주려고 마음을 쓰는 것."

나를 위한 존중과 배려 아니라네.
타인을, 상대를 위함으로 존중과 배려 다하네.

때로는 또 누군가를 존중하고 배려하면서도
다른 누군가의 불편함에 마음의 균형 잃도다.

한쪽으로 치우치면 좋은 일도 문제이고
너와 나 모두를 위함으로 마음 전체를 보아라.

하나 아닌, 부분 아닌, 전체를 다 보면서
나누지 말고 하나로 보는 것이 진정한 존중이라.

진리의 말씀 속에 지혜로움이 담겨있고
둘이 아닌 하나로서 모두 함께 살아가네.

불편했던 마음들을 돌이켜보면 알리라.
내 마음이 일으키고 알아차려 편안함을.

이럴 수도 있고 저럴 수도 있는 그저 다를 뿐
존중, 배려 배우면서 하나 됨을 다시 느끼네.

전체를 다 포용하며 가는 진실의 길
모두 함께 사는 세상, 존중과 배려의 길이네.

• 마음나누기 •　　년　　월　　일　　요일

지금 내 마음은 ______________________ 마음입니다.

왜냐하면 ______________________ 때문입니다.

그리고
감사의 순간들

Thank you

______________________ 감사합니다

______________________ 감사합니다

______________________ 감사합니다

[행복편지-0422호]

지금 내 마음은 고마운 마음입니다.
왜냐하면 장맛비가 잠시 멈추고 오랜만에 밝은 햇살을 볼 수 있기 때문입니다.
이럴 수도 있고 저럴 수도 있으며 그저 다를 뿐입니다.

## ■ 진리 속 성찰과 감사

"진리는 본래 정해진 것이 없고
모든 것이 다 고요하고 평등하다네."

진리의 가르침을 따라 살면
감사한 마음은 끝없이 깊어지네.

우리는 자기 점검은 하지 않고
앞만 보고 살아가네.

진리를 위해 꾸준히 자기 성찰을 하며
자기와의 시간을 가져야 하네.

과거도 돌이켜보고 현재도 살피며
앞을 똑바로 보고 나아가야 하네.

그러면 실수나 착오가 줄어들게 되기에
하루하루를 반성하며 점검하고 살아가게 되네.

"내 마음의 불빛을 밝히면
온 세상이 빛으로 가득하며
행복은 마음속에 있고 진리는 삶 속에 있다네."

우리는 자신을 스스로 돌보며
고마운 마음으로 하루를 시작하고
진리의 말씀을 되새기며 지혜롭게 길을 찾아가네.

진리의 길은 멀고도 험한 것 같지만
항상 우리 곁에 있고 그 속에서 진리와 평안이 항상 함께하네.

장맛비가 그치고 나면 햇살이 다시 비추듯
우리의 마음도 그와 같네.

진리의 말씀은 금강과 같아
이 세상의 모든 것을 꿰뚫는다네.

우리는 그 가르침을 따르며
평안한 마음과 감사히 함께하네.

• 마음나누기 • 년 월 일 요일

지금 내 마음은 ______________________ 마음입니다.

왜냐하면 ______________________ 때문입니다.

그리고 감사의 순간들

______________________ 감사합니다

______________________ 감사합니다

______________________ 감사합니다

진리는 고요하고 평등하며
자기 성찰을 통해
감사의 마음을 키웁니다.

# 3부

# 무거운 짐을 내려놓고 평안 찾기

[행복편지-0447호]

지금 내 마음은 순응하는 마음입니다.
왜냐하면 있던 길이 없어지기도 하고
없던 길이 생기기도 하는 것이 자연스럽기 때문입니다.
상황에 따라 대응하면 그뿐입니다.
분별하지 않고 바르게 보고 바르게 행합니다.

## ■ 농부와 시절 인연

여름의 끝자락,
8월의 태양은
고요히 익어가는 들판을 비추네.

농부의 마음은
고된 하루 속에서도
결실을 기다리는 묵묵한 기대감으로 가득하네.

밀려오는 바람은
벼의 고개를 숙이게 하고
농부는 그저 순응하며 그 흐름을 따르네.

땅속 깊이
뿌리내린 작물처럼
마음속에도 인연의 씨앗이 심겨 있음을 알아가네.

무더위 속에서도
부지런히 손을 놀리며
농부는 시절 인연을 가꾸어가네.

수확의 때가 오기 전
모든 것은 준비되어야 하며
삶의 모든 과정 또한 그러하다는 걸 깨닫네.

벼알이 무르익어
황금빛으로 물들 때를
농부는 그저 묵묵히 기다릴 뿐이네.

조급함도 서두름도 없이
그저 자연의 흐름에 몸을 맡기며
때가 되면 모든 것이 이루어지리라 믿어보네.

이맘때의 들판처럼
인연도 익어가고
서로를 끌어안고 다시 흩어지네.

마치 추수 후
텅 빈 들판이 다시 기약하듯
우리 마음도 언젠가 새로운 인연을 맞이할 준비를 하네.

8월의 농부는
그렇게 시절을 살아가며
어떤 인연도, 어떤 일도 거부하지 않으며

그저 순응하며
때를 기다리는 마음으로
모든 것에 감사하며 하루하루를 이어가네.

결국 가을이 오면
수확의 기쁨을 맞이하듯
우리 삶도 그리하여 결실을 맺으리.

때로는
힘겨운 시간도 있겠지만
농부의 마음처럼 인내와 기다림이 필요하네.

그렇게 8월의 들판처럼
우리 마음도 언젠가 무르익어
결실을 맞이하고

다시 새로운 인연과 함께
순환하는 그 모든 것이
자연스러운 흐름임을 알아가네.

• 마음나누기 • 년 월 일 요일

지금 내 마음은 ______________________ 마음입니다.

왜냐하면 ______________________ 때문입니다.

그리고 감사의 순간들

Thank you

______________________ 감사합니다

______________________ 감사합니다

______________________ 감사합니다

인내와 기다림 속에서
우리는 자연의 흐름을 따르며
결국 결실을 맺는다.

[행복편지-0448호]

지금 내 마음은 평화로운 마음입니다.
왜냐하면 삶의 진실이 무엇인지 통찰하며
내 인생을 공부하고 있기 때문입니다.
일렁이는 파도도 바다의 일부일 뿐입니다.
분별하지 않고 바르게 보고 바르게 행합니다.

## ■ 마음의 거울에 비친 진리

모든 것을 버림 없이 버리고 망상 속의 허상도 끊으며
현재의 순간에 전부를 담아내니
"무심한 바람도 꽃을 스치듯 법계는 청정하다."

크고 작은 모양새를 벗어 던지고
어제와 오늘의 경계도 허물며
지혜의 빛으로 어둠을 가르니
"태양이 구름을 가르듯 진리는 늘 거기에 있다."

자세히 보면 괴로움도 없으며
괴로움이라 이름 붙일 것도 없는 것을
파도의 몸짓도 결국 바다의 한 자락.
"빈 배는 강을 거스르지 않듯 무심의 마음은 고요하다."

분별을 넘어 바른 눈으로 세상을 보며
삶의 진리를 찾아 헤매지 않고
평화의 물결이 가슴에 넘치며
"마음의 거울이 밝아지면 본래의 자리가 드러난다."
헛된 구름이 머리 위를 떠나갈 때
참된 해가 온 누리를 밝히듯

내 마음도 이제 그 광명 안에 잠기고
“텅 빈 허공에 걸림 없듯 마음도 그 어디에도 머물지 않는다.”

자세히 보면 괴로움도 없고
괴로움이라 할 것도 없으며
일렁이는 파도도 바다의 일부일 뿐
“마음의 경계가 허공과 같아 무엇도 걸림이 없다.”

모든 것을 비우고 바라보니
그 또한 비움의 법을 따르리
바람이 지나간 자리엔 아무것도 남지 않듯
“마음의 집착이 사라질 때, 그곳에 참된 자유가 있다.”

---

**• 마음나누기 •** 　　년 　　월 　　일 　　요일

지금 내 마음은 ______________________ 마음입니다.

왜냐하면 ______________________________ 때문입니다.

그리고 감사의 순간들

______________________ 감사합니다

Thank you

______________________ 감사합니다

______________________ 감사합니다

---

[행복편지-0475호]

지금 내 마음은 무거운 마음입니다.
왜냐하면 다 함께 하기로 결정하여 진행되었던 일이
동참하지 않아 무산되었다는 생각이 들었기 때문입니다.
지금 이대로도 괜찮습니다.
분별하지 않고 바르게 보고 바르게 행합니다.

## ■ 무거운 짐을 내려놓는 길

지금 내 마음은 무겁지만
홀로 짊어질 짐이 아니니
더는 이 마음에 머물지 않으리라.

함께하자던 일
그 뜻도 커서 모두의 힘이 더해지길 바랐건만
발길은 흩어져 달리 간 듯하네.

그렇다 해도 흘러가는 물줄기처럼
강물이 흘러 바다에 닿듯 결국 제 갈 길을 가리라.

굳이 되어야 할 것은 없으며
흐르지 않는다고 강이 끊어지지 않으니
한숨은 그냥 흘려보내어라.

내 뜻대로 될 수도
안 될 수도 있는 세상

마음의 애착은 강물에 녹여
고요한 흐름 속에 내맡기네.

억지로 쥔 손을 풀어 놓고
집착의 돌을 내려놓으면
비로소 발밑의 흙은 부드럽다.

거두지 못한 열매라 해도
싹은 언제나 다시 돋아나리니
무거운 마음 흙 속에 묻고
바람이 지나듯 그렇게 스쳐 가게 하고

마음의 구름이 걷히는 날
다시 새벽은 밝아오리라.

모든 것은 흘러가고 변하니
있는 그대로 이 길을 걸으며
바르게 보고 바르게 행하리.

그래, 지금 이대로 좋으니
분별도 집착도 바람에 흩날려
마음은 다시 고요해지리라.

---

**• 마음나누기 •** 년 월 일 요일

---

**지금 내 마음은** ______________________ **마음입니다.**

**왜냐하면** ______________________ **때문입니다.**

그리고
감사의 순간들

Thank you

______________________ 감사합니다

______________________ 감사합니다

______________________ 감사합니다

---

[행복편지-0488호]

지금 내 마음은 풍성한 마음입니다.
왜냐하면 늦잠을 충분히 자고 산책하며
알밤도 줍고 들꽃 사진도 찍었기 때문입니다.
풍성한 마음으로 세상을 이롭게 합니다.
분별하지 않고 바르게 보고 바르게 행합니다.

## ■ 풍성한 한가위, 마음의 연꽃이 피어나네

늦잠에서 깨어난 아침, 햇살 속에 한 걸음 내디딘다.
알밤을 줍고 들꽃의 숨결을 담아 풍성한 자연 속에서
마음은 가득 차고 모든 것이 그대로 아름다운 그 순간
화엄의 진리가 흐르고 나는 세상을 이롭게 하네

"마음이 맑으면 세계가 맑고, 마음이 어지러우면 세계가
어지럽다." 이 진리를 되새기며 나는 또 한 걸음을 내딛네.
가벼운 바람이 살결을 스칠 때 가슴 속 깊이 평온이 깃들어
분별없는 마음으로 나아가네.

기쁘다 하면 기쁨이 피어나고
괴롭다 하면 괴로움이 다가오는 이 세상
나는 오늘도 내 마음을 잘 가꾸어가네.

화엄의 길을 따라 걷고
모든 존재는 연결되어 하나로 이어짐을 느끼며
작은 들꽃조차 그 진리 속에 깃들어 있네.

산과 들이 내게 속삭이듯
바람도 나무도 모두 친구가 되어

나는 오늘의
풍성한 기쁨 속에서 살아가네.

“한 생각이 우주를 밝히니 모든 생각이 진리 속에 깃든다.”
이 말을 마음에 품으니 나는 지금 감사하며 풍요롭네.

이렇게 풍성한 가을 아침, 알밤을 줍고 바람을 맞으며
나는 세상과 조화를 이루며 살아가네.
분별하지 않고 바르게 보는 모든 것 속에서 이로운 길을 찾으며
내 마음의 연꽃을 활짝 피워 나가리라.

풍성한 한가위처럼 내 삶도 이 마음처럼 가득 차기를 바라며
세상을 이롭게 하는 결실의 계절이 내게 가르쳐 주듯
모든 인연은 순환하며 이어지고
나는 그 흐름 속에서 고요히 마음을 살피네.

풍성한 마음으로 바라보면
세상은 이대로 충분하고
오늘도 나는 이 순간 속에서 만족하며 살아가네.

---

**• 마음나누기 •** 년 월 일 요일

**지금 내 마음은** ______________________ **마음입니다.**

**왜냐하면** ______________________ **때문입니다.**

그리고 감사의 순간들

______________________ 감사합니다

______________________ 감사합니다

______________________ 감사합니다

Thank you

---

[행복편지-0502호]

지금 내 마음은 흐뭇한 마음입니다.
왜냐하면 맑은 햇살과 상쾌한 공기를 맞으며
멧돼지로 인해 망가진 밭을 새로 일구고 씨앗을 뿌리고
그 속에서 생명의 순환을 바라보고 있기 때문입니다.
한 줌의 채소로 세상을 이롭게 하며
분별하지 않고 바르게 보고 바르게 행합니다.

## ■ 생명과 사랑, 그리고 최고의 선물

오늘도 나는 땅을 갈아엎고
새로운 생명의 씨앗을 심습니다.

모든 생명은 서로 연결되어 있기에
작은 씨앗 하나가 세상에 미치는 영향을 생각하며
나는 묵묵히 손을 움직입니다.

자신을 사랑하는 것이 곧 남을 사랑하는 길이기에
내가 행복하게 사는 것이 세상에 줄 수 있는 최고의 선물입니다.

내가 스스로 아끼고 사랑할 때
그 마음이 다른 이들에게도 전해집니다.

사랑은 모든 것을 참으며
사랑은 모든 것을 믿으며
사랑은 모든 것을 견디게 합니다.

나 자신을 돌보고, 스스로 행복할 때
비로소 남을 위한 진정한 사랑이 시작됩니다.

그 사랑은 작은 씨앗처럼 뿌려져
다른 이들의 마음속에 자라나게 됩니다.

밭에서 뿌린 씨앗이 자라나듯
우리 마음속의 사랑도 자라고
그 사랑은 다시 세상으로 퍼져 나갑니다.

모든 일에는 인연이 있듯이
내가 가꾼 채소가 누군가의 식탁을 채우고
그로 인해 또 다른 이들의 삶이 풍요로워집니다.

누군가에게 먹을 것을 나누는 것은
그의 영혼을 살찌우는 일입니다.

우리가 자연 속에서 얻은 것을 나눌 때
그 나눔은 단순히 물질적인 것이 아닌
마음의 교감과의 연결을 뜻합니다.

씨앗 하나를 뿌리는 일처럼
내가 행복하게 살아가는 것이
세상을 이롭게 하는 첫걸음입니다.

내 마음속의 고요함과 행복이
가족에게, 그리고 이웃에게 전달됩니다.

"스스로를 사랑하라, 그리하면 세상도 너를 사랑하리라."
내가 행복할 때, 세상도 나와 함께 행복해집니다.

밭을 갈고, 씨앗을 뿌리고
그 속에서 생명의 순환을 느끼며
자연의 섭리를 깨닫습니다.

"구하는 자에게 주어지고, 두드리는 자에게 열릴 것이다."
나는 오늘도 흐뭇한 마음으로 하루를 시작합니다.

내가 씨앗을 심고, 땅을 돌보는 그 순간
내 마음도 세상을 향해 열리고
그 안에서 새로운 삶의 열매가 맺힙니다.

오늘도 나는 사랑을 나누며
그 속에서 진정한 행복을 찾습니다.

• 마음나누기 • 년 월 일 요일

지금 내 마음은 ______________________ 마음입니다.

왜냐하면 ______________________ 때문입니다.

그리고 감사의 순간들

______________________ 감사합니다

______________________ 감사합니다

______________________ 감사합니다

내가 행복하게 살아가는 것이
진정한 사랑의 시작이며
그 행복이 세상을 이롭게 한다.

[행복편지-0508호]

지금 내 마음은 여유로운 마음입니다.
왜냐하면 일요일이 나에게 여유로움을
선물하고 있기 때문입니다.
잠시 멈추어 세상을 이롭게 하고
그 속에서 나를 아끼고 사랑하는 법을 배웁니다.
분별하지 않고 바르게 보고 바르게 행합니다.

## ■ 스스로 아끼고 사랑하는 법

모든 존재는 서로를 비추며 돕습니다.
우리는 스스로 먼저 마음을 비추어야 합니다.

자신을 사랑하지 않고서
어떻게 다른 이를 진정으로 사랑할 수 있을까요?

내 안의 빛을 발견하고
그 빛으로 나를 감싸안습니다.

나는 자신을 스스로 돌보며
마음을 다독이는 시간을 가집니다.

삶 속에서 지친 마음을
일요일의 여유로움 속에 내려놓고
나 자신에게 휴식을 허락합니다.

내 마음을 분별하지 않고
있는 그대로 바라보며
그 속에서 평안을 찾습니다.

완벽해지려는 마음을 내려놓고
그저 지금, 이 순간 나에게 주어진 여유를 즐깁니다.

자신을 사랑하지 않으면
어떻게 남을 사랑할 수 있을까요?
스스로 아끼지 않고서는 진정한 사랑을 나눌 수 없습니다.

내가 먼저
나 자신에게 따뜻한 마음을 보내고
그 마음이 넘쳐흘러 세상으로 향하게 합니다.

내 안에 평화가 있어야
세상에도 평화가 있습니다.
내 마음의 고요 속에서 세상을 바라보며 나를 돌봅니다.

나를 아끼고
사랑하는 그 마음이
세상과의 연결 고리가 되어 모두에게 평화를 전합니다.

내 마음이 평화로울 때
그 평화는 세상으로 전해집니다.

스스로 아끼고
나의 마음을 사랑하는 것이
세상을 이롭게 하는 첫걸음임을 알게 됩니다.

오늘의 여유 속에서
나는 나를 사랑하는 법을 배웁니다.

스스로에게 따뜻한 미소를 보내며
그 마음이 세상으로 이어지기를 바랍니다.

오늘, 나는 나에게 휴식을 선물하고
그 안에서 참된 평화를 찾습니다.

스스로 사랑하는 그 마음이
나와 세상을 더 밝게 비춥니다.

• 마음나누기 •  년  월  일  요일

지금 내 마음은 ________________ 마음입니다.

왜냐하면 ________________ 때문입니다.

그리고 감사의 순간들

________________ 감사합니다

________________ 감사합니다

________________ 감사합니다

∽

자신을 사랑하고 돌보는 것이
세상을 밝히는 시작이며
그 평화가 모두에게 전해진다.

∽

[행복편지-0509호]

지금 내 마음은 포근한 마음입니다.
왜냐하면 여름 이불을 정리하고 가을 이불을 꺼내 덮었기 때문입니다.
선선한 가을비가 내리는 날, 그 따뜻함 속에서 나는 여유를 느낍니다. 소박한 일상이 나를 감싸안으며 따뜻하게 만듭니다.
분별하지 않고 바르게 보고 바르게 행합니다.

## ■ 인생의 주인이 되는 법

모든 존재는 나누며 함께 살아갑니다.
삶은 소유가 아니라 나눔입니다.

우리는 지나치게 많은 것을 움켜쥐려 하며
그로 인해 마음이 무거워집니다.

재물은 소유하는 것이 목적이 아닌
우리를 돕는 도구일 뿐임을 압니다.

집착에서 벗어나야 합니다.

재물을 위해 사는 것이 아니라
재물이 우리를 위해 존재하는 것입니다.

집착에서 벗어나
삶을 더 가볍게 바라봅니다.

소유가 아니라
나눔을 통해
진정한 자유를 느낍니다.

무엇을 먹을지, 무엇을 입을지
염려할 필요가 없습니다.

의미를 너무 많이 부여하면
그 의미가 우리를 얽어매고
행복을 잃어버리게 됩니다.

삶은 그 자체로 이미 충분합니다.
지나친 의미 부여는
삶을 무겁게 만들 뿐입니다.

가볍게 내려놓고 살아갑니다.
모든 것을 내려놓으면
우리는 진정한 자유를 찾게 됩니다.

집착에서 벗어나
바르게 보고 바르게 행하며
삶의 주인이 되는 법을 배웁니다.

마음에서 비롯된 모든 것은
우리를 이끕니다.

마음이 집착에서 벗어나면
세상도 가벼워집니다.

내 생각을 내려놓고
지금, 이 순간을 온전히 살아가는 것이
참된 행복의 길임을 깨닫습니다.

인생의 주인은 나 자신입니다.
나는 나의 삶을 스스로 가꾸어 나갑니다.

세상에 휘둘리지 않고
바르게 보고, 바르게 행하며
가볍고도 깊이 있는 삶을 살아갑니다.

모든 것은 마음속에 있습니다.
마음속에 자리한 여유와 평온이
나를 이끄는 길잡이입니다.

탁 내려놓고
가볍게 살아가는 그 길 위에서
나는 참된 자유와 행복을 느낍니다.

오늘, 나는 가을 이불처럼
따뜻하고 포근한 마음으로
인생을 가볍게 살아갑니다.

분별하지 않고 소박한 일상에서
삶의 진정한 의미를 찾아갑니다.

• 마음나누기 •　　년　　월　　일　　요일

지금 내 마음은 ______________________ 마음입니다.

왜냐하면 ______________________ 때문입니다.

그리고
감사의 순간들

______________________ 감사합니다

______________________ 감사합니다

______________________ 감사합니다

∽

소유보다는 나눔을 통해
진정한 자유를 찾고
마음의 집착을 내려놓을 때
삶이 가벼워진다.

∽

[행복편지-0510호]

지금 내 마음은 미안한 마음입니다.
왜냐하면 내가 불편하다는 이유로
곁에 있는 사람에게 불평하였기 때문입니다.
그 작은 불평 속에서 나의 마음이 어지럽혀짐을 깨닫습니다.
미안한 마음을 전하며 소소한 일상에서 더 많은 배려를 실천합니다.
분별하지 않고 바르게 보고 바르게 행합니다.

## ■ 변화 속에서 피어나는 사랑

"모든 것은 변하나
그 변화를 따르는 자만이 고요함을 얻으리라."
사랑도, 마음도, 세상도 끊임없이 변하고 흐릅니다.

변하지 않기를 바라는 그 마음이
우리의 고통을 불러일으키는 것입니다.

그러나 변화 속에서 평온함을 찾으면
그 속에 머물러 있는 참된 기쁨을 느낄 수 있습니다.

변함없는 것은 오직 사랑 그 자체가 아니라
그 사랑의 흐름입니다.

사랑은 멈추지 않고 흐릅니다.
어제의 사랑이 오늘의 사랑과 다를지라도
그 변화 속에서 새로운 사랑이 태어납니다.

변화는 우리를 슬프게 하는 것이 아니라,
우리를 성장하게 만드는 축복입니다.

모든 것이 시들고 다시 피어나듯 사랑도 피고 지는 것
어느 순간 사랑이 변했다고 느낄 때
그 사랑이 끝났다고 여길 필요는 없습니다.

고집을 내려놓고 자연스러운 흐름 속에서 사랑을 바라봅니다.
집착을 버리고 바르게 행합니다.

고집스러운 마음은 우리를 갇히게 만듭니다.
사랑이 변하는 것을 두려워하지 않고
그 흐름을 이해하며 우리는 바르게 살아갑니다.

사랑은 흐르고, 그 흐름을 믿습니다.
변하는 것이 당연한 이 세상에서 그 변화를 믿고 따르는 것이
우리의 삶을 더욱 풍요롭게 만듭니다.

오늘도 나는 변화를 마주하며
분별하지 않고 바르게 보고 바르게 행합니다.

---

**• 마음나누기 •** 년 월 일 요일

**지금 내 마음은 ______________________ 마음입니다.**

**왜냐하면 ______________________ 때문입니다.**

그리고
감사의 순간들

______________________ 감사합니다

______________________ 감사합니다

______________________ 감사합니다

[행복편지-0512호]

지금 내 마음은 무거운 마음입니다.
왜냐하면 다른 사람의 고맙고 좋은 마음을
가끔은 내 기분 따라 표현하기 때문입니다.
마음을 알아차리며 세상을 이롭게 합니다.
분별하지 않고 바르게 보고 바르게 행합니다.

## ■ 스스로에게 묻는 삶의 답

마음이 무거워질 때, 나는 묻습니다.
"나는 잘살고 있을까?"
이 질문 속에 나를 향한 불만이 숨어 있음을 압니다,

세상은 내 마음대로 돌아가지 않으니
고요히 나를 들여다봅니다.
모든 것은 마음에서 비롯되기에
내가 바르게 살고 있는지는 오직 나만이 압니다.

남이 보기에 초라해 보여도 내가 만족하고 행복하다면
그 삶은 잘살고 있는 것이고
남이 부러워할지라도 내 마음이 불편하다면
그 삶은 흔들리고 있음을 압니다.

내 마음이 머무는 곳에서 나는 나를 찾습니다.
세상의 기준으로 나를 평가하지 않고
내가 느끼는 행복과 만족이 내 삶의 길잡이가 됩니다.

'일체유심조'라 하였듯이 모든 것은 마음에 달려있으니
내 안의 고요함을 지키며 살아갑니다.

가끔은 고마운 마음조차도 내 기분 따라 쉽게 흔들리지만
마음이 다시 고요해지면 그 순간을 알아차리고 돌아섭니다.
내가 가는 길은 분별없이 바르게 보고 바르게 행하는 길입니다.

"나는 잘살고 있습니다."
이 고백 속에 담긴 나의 진실을 흔들리지 않도록
오늘도 마음을 다스리며 나아갑니다.

삶의 무게 속에서도 나를 일으키는 것은
내 안의 작고 고요한 목소리입니다.
고마운 마음이 가끔 흔들릴지라도 내가 알아차리면
그 또한 배움이 되고 그 배움이 세상을 이롭게 만듭니다.

나는 오늘도 스스로 잘살고 있음을
온전히 믿으며 이 길을 걸어갑니다.

• 마음나누기 • 년 월 일 요일

지금 내 마음은 ______________________ 마음입니다.

왜냐하면 ______________________ 때문입니다.

그리고
감사의 순간들

Thank you

______________________ 감사합니다

______________________ 감사합니다

______________________ 감사합니다

[행복편지-0513호]

지금 내 마음은 감사한 마음입니다.
왜냐하면 아침에 산책하며 농장을 둘러보고
떨어져 있는 늦밤도 주웠기 때문입니다.
감사한 마음으로 세상을 이롭게 합니다.
분별하지 않고 바르게 보고 바르게 행합니다.

## ■ 감사의 마음으로 세상을 비추다

지금 내 마음은 감사로 가득 차 있습니다.
이른 아침, 신선한 바람을 맞으며 농장을 둘러보았을 때
떨어져 있던 작은 밤 하나를 주웠습니다.

그 밤 하나가 내게 주는 감사의 마음은
작은 씨앗처럼 세상을 이롭게 합니다.

밤송이 안에는 알밤이 있습니다.
단단한 가시가 감싸고 있더라도
그 속에는 달콤한 열매가 숨겨져 있음을 우리는 압니다.

때로는 가시에 찔려 아플지라도 그 가시를 탓하지 않고
밤을 까는 방법을 배워야 한다는 깨달음이 찾아옵니다.

"그 속에 있는 보물을 찾아라." 하신 말씀처럼
모든 어려움 속에는 보물이 숨겨져 있고,
그것을 찾아내는 것은 우리의 몫입니다.

가시에 찔린 아픔도 결국은 내게
새로운 깨달음을 주는 선물임을 알아차립니다.

내가 오늘 주운 이 작은 밤처럼
우리의 일상에도 숨어 있는 감사와 기쁨이 많습니다.

가시를 벗겨내고 나면
그 속에 담긴 달콤한 열매를 맛볼 수 있듯이
삶의 작은 순간들 속에서도 우리는 많은 것을 배울 수 있습니다.

모든 존재는 서로 연결되어 있고
우리는 그 속에서 더 큰 빛을 나눕니다.
내가 받은 감사의 마음도 세상에 더 크게 나누어
모든 이에게 작은 기쁨을 전합니다.

오늘도 나는 바르게 보고, 바르게 행하며
내 안에 숨겨진 보물들을 찾아 나섭니다.
그 속에서 나는 세상을 더 따뜻하게 만드는 작은 빛이 됩니다.

• 마음나누기 • 년 월 일 요일

지금 내 마음은 ______________ 마음입니다.

왜냐하면 ______________ 때문입니다.

그리고 감사의 순간들

Thank you

______________ 감사합니다

______________ 감사합니다

______________ 감사합니다

[행복편지-0516호]

지금 내 마음은 편안한 마음입니다.
왜냐하면 비가 오락가락하여 따뜻한 물 한 잔을 마시며
글을 쓰고 있기 때문입니다.
어제의 감동적인 역사 기행 여운이 남아 있습니다.
내가 할 수 있는 일로 세상을 이롭게 합니다.
분별하지 않고 바르게 보고 바르게 행합니다.

## ■ 마음의 평안, 만족 속에서

모든 진실은 서로 연기하여 존재합니다.
우리 삶도 마찬가지입니다.

행복과 만족은 외부에서 따로 구할 것이 아니라
내 안에서 이미 그 연기를 이루고 있는 진리입니다.

우리가 스스로 깨닫지 못할 뿐
마음속에는 이미 평안과 행복이 자리하고 있습니다.
모든 것이 서로 의지하고 있으며
그 본질은 변하지 않습니다.

그 말속에는
우리가 찾고자 하는 평안도 포함되어 있습니다.

바라는 마음을 내려놓고
지금, 이 순간에 머무를 때
만족은 스스로 우리를 찾아옵니다.

"내가 주는 평안은 세상이 주는 것과 같지 않다."
바깥의 조건이 아무리 변해도 내면의 평안은 변치 않습니다.

지금, 이 순간 내가 할 수 있는 일에 감사하고 만족할 때
우리는 진정한 자유를 느낍니다.

세상을 이롭게 하려는 작은 마음이 크고 화려한 일이 아닐지라도
우리에게 주어진 길을 성실히 걸으며 만족을 찾는 것이
가장 소중한 삶의 방식입니다.

균형 있는 선에서 만족할 줄 알면 우리 마음은 더욱 가벼워집니다.
원하는 것을 모두 이루지 못해도 이미 가진 것에 감사할 때
그 평안은 우리 곁에 머무릅니다.

비가 내리고 그치고, 다시 또 내리듯이
삶의 파도 속에서도 우리는 평온을 찾을 수 있습니다.

지금, 이 순간 따뜻한 물 한 잔과 함께
나에게 주어진 삶에 감사하며
오늘 하루도 이롭게 살아갑니다.

---

**• 마음나누기 •** 년 월 일 요일

**지금 내 마음은** ______________________ **마음입니다.**

**왜냐하면** ______________________ **때문입니다.**

그리고 감사의 순간들

Thank you

______________________ 감사합니다

______________________ 감사합니다

______________________ 감사합니다

[행복편지-0517호]

지금 내 마음은 답답한 마음입니다.
왜냐하면 좋은 마음으로 했던 일들이 문제가 되어 갈등으로 이어지고 있기 때문입니다.
잘 들어주고 필요한 만큼만 하며 세상을 이롭게 합니다.
분별하지 않고 바르게 보고 바르게 행합니다.

## ■ 갈등 속에서 평안을 찾다

마음이
모든 것의 근본입니다.

선한 마음으로 행동할지라도
그 마음에 욕심이 숨어 있다면

그 행동은 결국 갈등을 낳을 수밖에 없습니다.

내 생각과 기대가 상대에게 전달되지 않을 때
그 틈에서 우리는 불화를 겪게 됩니다.

내가 상대를 위로하고
그를 변화시킬 수 있다고 생각하는 순간
그 사랑은 나의 욕심으로 변질됩니다.

진정한 사랑은 그저 들어주는 것
상대의 이야기를 있는 그대로 받아들이는 데서 시작됩니다.

내가 무슨 말을 해야 상대에게 위로가 될지 고민할 때
그 마음은 나의 욕망에서 비롯된 것임을 알고

그저 조용히 앉아 그의 이야기를 듣고 필요한 만큼만 나누는 것
그것이 갈등을 해소하는 첫걸음입니다.

상대를 변화시키려는 마음이 아니라
함께 머물러 주는 그 마음이 중요합니다.

남을 이롭게 하기 전에 먼저 자신을 다스려야 합니다.
우리의 마음이 평안하지 않다면
그 어떤 선한 행위도 완전할 수 없습니다.

내 마음이 분노와 혼란으로 가득 차 있을 때
다른 이에게 위로의 마음을 전할 수는 없는 법입니다.
먼저 나 자신을 돌아보고 나의 욕심을 내려놓는 연습을 해야 합니다.

답답함 속에서도 나의 욕심을 내려놓고
그저 조용히 기다리며 필요한 만큼만 나누는 것
그것이 이 갈등을 이롭게 해결하는 방법입니다.

세상을 이롭게 하려는 그 마음으로
나는 오늘도 한 발씩 나아갑니다.

---

• 마음나누기 •　　　년　　월　　일　　요일

지금 내 마음은 ______________________ 마음입니다.

왜냐하면 ______________________ 때문입니다.

그리고
감사의 순간들

Thank you

______________________ 감사합니다

______________________ 감사합니다

______________________ 감사합니다

---

[행복편지-0520호]

지금 내 마음은 인정하는 마음입니다.
왜냐하면 그 사람 처지에서는 '그럴 수도 있겠구나' 하며
이해보다 인정하는 마음이 크기 때문입니다.
지식과 경험을 나누며 세상을 이롭게 합니다.
분별하지 않고 바르게 보고 바르게 행합니다.

## ■ 알아차림 속에서 피어나는 인정의 마음

모든 존재는
그 자신의 길을 걷듯이

각자의 길에는 각자의 사연이 있고
그 길을 걷는 동안 겪는 경험은 저마다 다릅니다.

이 차이를 인정하는 것이
진정한 지혜입니다.

나의 지식과 경험을 나누면서도 그들의 다름을 존중하며
이 세상을 이롭게 하는 것은 나의 길입니다.

내가 인정받고자 하는 마음처럼 남을 인정하는 마음이 있어야
비로소 그들의 마음을 이해할 수 있음을 깨닫습니다.

때로 화가 일어나기도 합니다.
하지만 그 화는 나의 마음을 어지럽힐 뿐입니다.

마음이 일어나면 모든 것이 일어나고
마음이 멈추면 모든 것이 멈춥니다.

화를 알아차리는 순간
그 마음의 불길은 서서히 잦아듭니다.
비록 바로 사라지지는 않더라도
알아차림으로 인해 그 불꽃은 더 이상 커지지 않습니다.

알아차림은 물과 같아
그 불을 부드럽게 적셔가며 조용히 사라지게 만듭니다.
화를 느끼는 것은 자연스러운 일이지만
그 안에 담긴 감정을 인정하는 것은 더 큰 용기입니다.

화를 억누르기보다는 그 화를 인정하고
그 속에 담긴 진실을 마주하는 것이 진정한 힘입니다.
알아차림 속에서 피어나는 인정의 마음은
나를 더 깊은 평온으로 이끕니다.

마음속 바람이 불어올 때마다 그 바람을 막지 않고
흔들리는 나무처럼 그저 그 순간을 받아들입니다.

그리고 그 속에서 나는
더 나은 나 자신을 발견합니다.

**• 마음나누기 •** 년 월 일 요일

**지금 내 마음은** ______________________ **마음입니다.**

**왜냐하면** ______________________ **때문입니다.**

**그리고 감사의 순간들**

______________________ 감사합니다

______________________ 감사합니다

______________________ 감사합니다

[행복편지-0521호]

지금 내 마음은 가벼운 마음입니다.
왜냐하면 불편한 문제를 나에게 비추어 가볍게 건너가기로 정하였기 때문입니다.
가벼운 마음으로 세상을 이롭게 합니다.
분별하지 않고 바르게 보고 바르게 행합니다.

## ■ 가벼운 마음이 만드는 길

모든 것은 원인과 조건에 따라 일어나고 사라집니다.
나를 둘러싼 상황들이 좋고 싫음으로 번질지라도
그 마음에 휩쓸리지 않고 가만히 바라보는 연습을 합니다.

마음은 물결처럼 일어나고 사라지기를 반복하지만
그 물결을 마주한 나는 그저 고요히 그 자리에 머물러 있습니다.

지혜는 누구에게나 주어지되
의심하지 않고 구하는 자에게는 더욱 넘칩니다.
내가 가볍게 건너기로 한 이 선택도
바로 그런 지혜에서 비롯된 것입니다.

고통과 기쁨은 내 마음속에서 만들어지고
그것이 나를 무겁게 할 수도 가볍게 할 수도 있습니다.
중요한 것은 그 흐름 속에서 나의 길을 찾는 것
그리고 나의 마음을 지혜롭게 다스리는 것입니다.

때로는 좋고 싫음이란 파도가 찾아옵니다.
하지만 그 파도에 휩쓸리지 않기 위해 그저 파도를 바라봅니다.
바라보는 것만으로도 그 파도는 차츰 잦아들고

내 마음속 바다는 고요를 되찾습니다.
이것이 바로 가벼운 마음이 가져다주는 힘입니다.

진리는 변하지 않지만, 그 진리를 어떻게 받아들이느냐에 따라
우리는 행복과 고통을 나눕니다.

세상을 있는 그대로 바라보고 분별하지 않으며
그 흐름 속에서 나의 길을 찾아갑니다.

오늘도 나는 그 자유 속에서 분별하지 않고 바르게 보고
바르게 행하며 세상을 이롭게 합니다.

바람이 지나가도 흔들리지 않는 나무처럼
내 마음은 가볍게, 그러나 단단히 그 자리를 지킵니다.
그렇게 나는 나의 길을 걸어갑니다.

• 마음나누기 •　　　년　　월　　일　　요일

지금 내 마음은 ______________________ 마음입니다.

왜냐하면 ______________________ 때문입니다.

그리고
감사의 순간들

Thank you

______________________ 감사합니다

______________________ 감사합니다

______________________ 감사합니다

[행복편지-0524호]

지금 내 마음은 무거운 마음입니다.
왜냐하면 늦은 저녁 식사로 속이 불편하기도 하지만
불편한 일로 마음이 답답하기 때문입니다.
인정하고 받아들이며 세상을 이롭게 합니다.
분별하지 않고 바르게 보고 바르게 행합니다.

## ■ 사랑은 거래가 아닙니다

우리는 종종 사랑을 거래로 착각합니다.

이 세상의 모든 관계가 인연으로 맺어져
그 안에서 기대와 집착이 사라질 때
마음의 평온을 얻을 수 있습니다.

주는 것이
받는 것보다 복되기에
사랑은 조건 없는 나눔이어야 합니다.

내가 준 만큼 받기를 바라는 마음
그것은 사랑이 아니라 거래입니다.

사랑은 그저 주는 것이고 거래는 계산입니다.
'너도 나를 사랑해 줘야 한다.'라는 기대는
그 안에서 미움을 만들어냅니다.

다만, 사랑하세요.
아무것도 바라지 않고 그저 사랑하는 것
그 자체가 행복입니다.

계산하지 않는 마음으로 사랑할 때
우리는 참된 자유와 기쁨을 얻게 됩니다.

불편한 마음을 안은 나를 가만히 돌아보며
다만 있는 그대로의 나를 사랑합니다.
그리고 내 앞에 놓인 이들을 사랑합니다.

그렇게 작은 사랑의 실천이 모여
세상을 조금씩 따뜻하게 합니다.

오늘, 나의 마음은 무겁지만
이 무거움 속에서도 깨닫습니다.

사랑이란 거래가 아니라는 것
바로 그 순간, 행복은 이미 내 곁에 있습니다.

• 마음나누기 • 년 월 일 요일

지금 내 마음은 ____________________ 마음입니다.

왜냐하면 ____________________ 때문입니다.

그리고
감사의 순간들

Thank you

____________________ 감사합니다
____________________ 감사합니다
____________________ 감사합니다

[행복편지-0527호]

지금 내 마음은 편안한 마음입니다.
왜냐하면 불편한 일들이 지나가고
이른 아침에 가볍게 눈을 떴기 때문입니다.
불편한 이웃을 도우며 세상을 이롭게 합니다.
분별하지 않고 바르게 보고 바르게 행합니다.

## ■ 새로운 아침, 책임감 속의 평온

모든 것은
마음의 작용에 따라 흘러갑니다.

우리의 선택 하나하나가 세상에 영향을 미치고
그 결과는 스스로 책임 속에서 마주해야 할 것입니다.

마음의 흐름을 지켜보며 내가 행하는 일들이
어떻게 세상에 퍼져 나가는지를 조용히 바라봅니다.

책임감은 우리에게 무거운 짐처럼 느껴질 때가 있습니다.
그 책임을 회피하지 않고 기꺼이 받아들이는 마음이 필요합니다.

선택에는 선악이나
옳고 그름이 존재하지 않으며

우리가 할 수 있는 것은
그 선택의 결과를 온전히 받아들이는 자세입니다.

우리의 모든 선택은
그에 따른 결과를 동반합니다.

그 결과가 좋든 나쁘든
그것을 통해 배우고 성장할 수 있습니다.

선택의 순간에 우리가 망설이는 이유는
책임을 피하고 싶은 마음에서 비롯됩니다.
그러나 마음을 편안하게 하고 어떤 결과가 다가오더라도
그것을 기꺼이 받아들이는 자세를 가져야 합니다.

만약 원하는 결과를 얻지 못했다면
보완책을 마련하고 다시 도전하는 자세가 필요합니다
이것이 바로 성장의 길이며 책임감이 주는 삶의 의미입니다.

가끔 마음이 무겁게 느껴질 수 있지만
그것을 받아들이고 나면 오히려 가벼워집니다.

불편함 속에서 배운 것들을 통해
오늘의 나는 조금 더 성숙한 존재가 됩니다.

그것이 바로 책임감 속에서 얻는 평온이며
나를 더 나은 방향으로 이끄는 등불이 됩니다.

---

• 마음나누기 • 년 월 일 요일

지금 내 마음은 ______________________ 마음입니다.

왜냐하면 ______________________________ 때문입니다.

그리고 감사의 순간들

Thank you

______________________________ 감사합니다

______________________________ 감사합니다

______________________________ 감사합니다

[행복편지-0528호]

지금 내 마음은 흐뭇한 마음입니다.
왜냐하면 이웃들의 생활 속 소소하고 불편한 일들을
해결해 주고 있기 때문입니다.
불편함을 도우며 세상을 이롭게 합니다.
분별하지 않고 바르게 보고 바르게 행합니다.

## ■ 넓어지는 마음, 소소한 행복

모든 집착에서 벗어나라는 가르침에 따라
그렇게 마음을 비우고 집착을 던져버릴 때
비로소 우주처럼 넓고 자유로운 마음을
온전히 느낄 수 있게 됩니다.

집착은 우리가 쥔 작은 주먹과 같고
손을 펴면 그 자리에 넓은 하늘이 열립니다.

모든 욕심과 아집에서 벗어나 마음을 활짝 열 때
진정한 자유가 우리에게 주어지고
내가 얽매인 것에서 벗어나 집착을 내려놓는 순간
우리는 그 안에서 새로움을 발견하게 됩니다.

하나에 얽매인 마음은 작고 좁지만
그걸 놓아버릴 때 우리의 마음은 넓은 들판처럼 펼쳐지고
우리 마음에는 우주가 들어와도 남을 자리가 생기게 되어
그 자리에 평온함이 가득 채워집니다.

마음을 다스리고 타인의 불편함을 덜어주며
마음이 넓어질수록 내 안의 기쁨도 함께 커집니다.

이웃을 돕고 그들의 작은 불편을 해소하는 일이
단순히 나를 위한 것도 그들을 위한 것도 아닙니다.

이 모든 과정에서 마음을 비우고 집착을 떨쳐내면
이것이 우리 자신도 행복해지는 길입니다.

마음의 걸림을 탁 놓고 나니
새롭게 들어오는 기쁨이 우리 안에 가득합니다.

하루를 살며 소소한 행복을 더하고
나의 마음도 그렇게 점차 넓어지고 있음을 느낍니다.

비워진 자리엔 자유가 피어나고
그 속에 담긴 행복을 누리며
오늘 하루를 평온하게 마무리합니다.

집착을 던지고 바라본 세상은
더없이 아름답고 넓고 평화롭습니다.

---

**• 마음나누기 •** 년 월 일 요일

---

**지금 내 마음은** ________________________ **마음입니다.**

**왜냐하면** ________________________ **때문입니다.**

**그리고**
**감사의 순간들**

________________________ 감사합니다

Thank you

________________________ 감사합니다

________________________ 감사합니다

---

[행복편지-0530호]

지금 내 마음은 고마운 마음입니다.
왜냐하면 곰곰이 생각해 보니 나를 아끼고 사랑해 주는 사람들이 많이 있기 때문입니다. 서로 사랑하며 세상을 이롭게 합니다.
분별하지 않고 바르게 보고 바르게 행합니다.

## ■ 고마운 마음으로 피어난 사랑

분별하지 않고
바르게 보고 바르게 행하는 길을 따라
오늘도 내 마음을 다스리며 걸어갑니다.

모든 존재는 서로 연결되어 있으니
한 포기 풀도 세상을 이롭게 하고
작은 사랑이 큰 변화를 일으킵니다.

그 사랑은 꽃처럼 피어나
서로에게 은은한 향기를 남기며

우리를 더욱 가깝게 만들고
작고도 소중한 그 사랑이야말로
세상을 밝게 비추는 빛입니다.

자신을 사랑할 줄 아는 사람만이 남을 사랑할 수 있고
나를 사랑하는 마음이 바로 남을 위한 사랑의 시작입니다.

내가 행복하게 살 때
그 행복이 다른 사람들에게도 전해져
모두가 그 안에서 기쁨을 찾게 됩니다.

내가 사랑하는 사람들에게 줄 수 있는
가장 큰 선물은 무엇일까요?
그것은 내가 행복하게 사는 것입니다.

행복은 다른 곳에서 찾는 것이 아니라
바로 나의 마음에서 비롯됩니다.

내가 행복해지면 그 행복은 자연스럽게
나를 사랑하는 사람들에게도 흘러가고
그들은 나의 기쁨 속에서 더 큰 사랑을 느낍니다.

고마움은 결국 사랑의 다른 이름입니다.
내가 받는 고마움 속에서 나는 다시금 사랑을 피워냅니다.

그 사랑이 나를 통해 흘러 이웃에게, 가족에게,
그리고 세상 속으로 퍼져나갑니다.

분별하지 않고 바르게 보고 그 사랑을 실천하는 것이
내가 할 수 있는 가장 큰 행복입니다.

**• 마음나누기 •** 년 월 일 요일

**지금 내 마음은** ______________________ **마음입니다.**

**왜냐하면** ______________________ **때문입니다.**

**그리고 감사의 순간들**

Thank you

______________________ 감사합니다

______________________ 감사합니다

______________________ 감사합니다

[행복편지-0537호]

지금 내 마음은 시원한 마음입니다.
왜냐하면 꼭 해야 할 일도 없는 늦가을 어느 날에
아침 공기를 맘껏 들이마시며 천천히 내쉬고 있기 때문입니다.
자연의 고마움을 알고 세상을 이롭게 합니다.
분별하지 않고 바르게 보고 바르게 행합니다.

## ■ 맑은 아침에 떠오른 마음

가을의 공기를 들이마시며
맑은 마음으로 천천히 내쉬어 봅니다

꼭 해야 할 일 없는 순간에
고요히 다가오는 자연의 숨결이 내 마음을 적십니다.

괴롭고 힘든 순간들이 왔을 때
우리는 쉽게 잊습니다.

모든 것은 지나가는 바람처럼 흘러가고
아픔도 기쁨도 시간 속에서 흐르는 한 자락일 뿐이라는 것을.

지금 내 안에 슬픔이 찾아왔다 해도 괜찮습니다.
슬퍼해도 괜찮고 이겨내지 않아도 괜찮습니다.
그저 찬찬히 들여다보는 일로도 충분합니다.

기쁨과 슬픔이 이웃하듯
우리 마음도 그 틈새에서 흔들리고 자라며
파도처럼 출렁출렁합니다.

아프면 아픈 대로
힘들면 힘든 대로
우리는 나날이 조금씩 커지고 있습니다.

내 안의 고요를 찾아서
지금의 괴로움을 가만히 안아보면
그저 흐르는 구름처럼
언젠가 저 멀리 흩어지게 될 것을 알고 있습니다.

우리에게는 살아갈 권리가 있고
행복을 누릴 자격도 있습니다.

자연의 숨결 속에서
그저 나의 마음을 쉬게 할 때

또다시 우리는 가볍고 시원한 마음으로
새로운 날을 향해 걸어가게 됩니다.

---

**• 마음나누기 •** 년 월 일 요일

**지금 내 마음은** ________________ **마음입니다.**

**왜냐하면** ________________ **때문입니다.**

그리고
감사의 순간들

Thank you

________________ 감사합니다
________________ 감사합니다
________________ 감사합니다

[행복편지-0538호]

지금 내 마음은 고마운 마음입니다.
왜냐하면 과거에 나를 불편하게 했던 일이
지금은 나에게 더 이롭기 때문입니다.
감사의 마음으로 세상을 이롭게 합니다.
분별하지 않고 바르게 보고 바르게 행합니다.

## ■ 늘 새로운 마음으로

과거의 그림자가 드리워지던 날
그때의 어려움이 지금은 나를 더 밝게 비추고 있습니다.

고마운 마음이 찾아와
나를 채운 무거운 짐들을 하나씩 가볍게 내려놓습니다.

모든 것은 지나가며
붙잡을 수 없는 법입니다.

과거에 맺힌 불편함도
지금 이 순간을 비추는 빛으로 변했습니다.

오늘 만나는 사람도 오늘 걷는 길도
어제와는 다름을 알아차립니다.

늘 새롭게 살아가려면
지금에 깨어있어야 합니다.

어제와 같은 일상을 바라보는 눈으로
사람들과 함께하는 새로운 일상이 소중합니다.

그리고 내 안의 작은 마음마저도
날마다 새롭습니다.

늘 새로이 내 삶을 펼쳐보는 마음으로
더 고마운 눈길을 지니고 하루를 감사히 맞이하게 됩니다.

오늘은 어제와 닮았으나 같지 않으며
나는 더 넓은 마음으로 세상을 바라봅니다.

• 마음나누기 • 년 월 일 요일

지금 내 마음은 ______________________ 마음입니다.

왜냐하면 ______________________________ 때문입니다.

그리고 감사의 순간들

Thank you

__________________________ 감사합니다

__________________________ 감사합니다

__________________________ 감사합니다

[행복편지-0544호]

지금 내 마음은 기다리는 마음입니다.
왜냐하면 어려운 이웃을 위해 김장하여 나누는 날이기 때문입니다.
작은 것이라도 나누어 세상을 이롭게 합니다.
분별하지 않고 바르게 보고 바르게 행합니다.

## ■ 기다림의 마음, 나눔의 지혜

겨울을 앞두고 손끝에 내려앉는 하얀 배추의 날숨
내 마음은 그 무게를 담아 기다림 속에서 고요히 빛나네.

작은 배추 한 포기에 담긴 온정의 손길
가득한 정성은 온 누리에 따스함을 전하네..

모든 것은 서로 의지하여 이루어지고
나의 작은 움직임이
이웃의 미소로 피어나기를 바라네.

나눈다는 것은 단순히 주는 것 아니라
새싹이 틔워내는 하나의 연결임을 깨닫네.

주어진 것의 가치
그 안에 숨은 감사의 기도를 들으며

주는 것이
받는 것보다 복됨을 알고

흐르는 이 기쁨은
나눔이 삶을 채우는 길이 됨을 느끼게 하네.

좋은 일과 나쁜 일의 경계는 흐릿하고
기대하던 일이 기쁨으로
어려웠던 일은 지혜의 씨앗으로 피어나네.

과거의 빛과 어둠이 섞여 지금의 나를 비추고
그 안에서 가르침을 찾아보네.

슬픔이 기쁨의 도구가 되어
쓰라린 경험이 다시 따스한 손길로 이어질 때
잘 절인 배추처럼 나도 세상 속에서 무르익어 가고
기쁨과 슬픔의 물결을 지나 모든 순간을 감사로 담아낸다.

지나온 날들을 돌이켜보면 옳고 그름의 차이는 없고
그 경계에 서서 그저 바라보는 눈은 평온을 찾는다네.

오늘은 김장 김치를 나누며 마음의 선을 넘지 않고
삶의 흐름 속에 나를 놓아 본다.

나눔의 손길이 이어질 때 작은 것이 큰 빛이 되어 퍼지고
사랑의 손길은 생명의 향기를 불러일으킬 것입니다.

• 마음나누기 • 년 월 일 요일

지금 내 마음은 ______________________ 마음입니다.

왜냐하면 ______________________________ 때문입니다.

그리고
감사의 순간들

Thank you

______________________ 감사합니다

______________________ 감사합니다

______________________ 감사합니다

[행복편지-0545호]

지금 내 마음은 포근한 마음입니다.
왜냐하면 쌀쌀한 날씨에 따뜻한 집에서
편안하게 아침을 맞이하고 있기 때문입니다.
따뜻한 마음을 나누며 세상을 이롭게 합니다.
분별하지 않고 바르게 보고 바르게 행합니다.

## ■ 포근한 마음의 아침

이른 아침
창밖의 서늘함 속에서 포근히 몸을 감싸는 이 순간
내 마음에도 따뜻한 빛이 스며들고.

모든 존재가 서로를 비추고 있기에
오늘 아침의 감사함이
나의 주변으로 퍼져나가길 기도하네.

"그러므로 염려하지 말라.
내일 일을 위하여 염려하지 말라."

오늘의 따스함은
지금, 이 순간의 선물이고

행복은 먼 곳에 숨겨진 보물이 아니라
지금 이 자리에서 느끼고 나누는 기쁨이네.

추운 계절에도 내 마음은 온기로 채워져
서로의 온기 속에 나와 당신은 연결되어 있고
감싸 안는 포근함은 나누어질수록 더 깊어지고 따뜻해지네.

많은 이들이 인생을 위해 준비하며
행복은 저 멀리 있다고 착각하기 쉽지만

지금, 이 자리에서 느끼는
작은 기쁨이 곧 삶의 충만함을 느끼게 하네.

오늘의 차 한 잔 속에도
함께 웃는 대화 속에도 행복의 기쁨이 있네.

우리가 기다리는 내일은 지금의 연속이요
내일을 위한 준비보다 오늘의 미소가 더 중요하네.

쌀쌀한 바람 속에서도 내가 나눈 작은 온정이
누군가의 마음을 조금은 따뜻하게 하기를 바라며
오늘을 온전히 살면 그것으로 충분하다네.

그러니 오늘, 행복의 씨앗을 심고 그 순간들을 쌓아가며
이른 아침의 포근함처럼 서로 따스한 마음을 나누네.

• 마음나누기 •　　년　　월　　일　　요일

지금 내 마음은 ______________________ 마음입니다.

왜냐하면 ______________________ 때문입니다.

그리고 감사의 순간들

Thank you

______________________ 감사합니다

______________________ 감사합니다

______________________ 감사합니다

[행복편지-0547호]

지금 내 마음은 기대되는 마음입니다.
왜냐하면 그동안 매일 써온 행복편지를 정리하여
출판을 위한 책을 쓰고 있기 때문입니다.
유익한 책을 출판하여 세상을 이롭게 합니다.
분별하지 않고 바르게 보고 바르게 행합니다.

## ■ 기대의 꽃을 피우며

오늘 내 마음은 두근거리고 기대로 가득합니다..

오랜 시간 써 내려간 작은 행복의 조각들
이제 하나의 책으로 피어날 순간을 기다립니다.

세상에 이로움을 주는 나눔의 길을 걸으며
일체 법은 다 한 마음에서 일어나고

한 마음으로 세상을 비추기에
내 마음을 다해 세상을 비추어 봅니다.

나의 욕심을 조금 더 내려놓고
이웃의 마음을 조금 더 넓게 품으며
세상을 향해 조금 더 다가갑니다.

내가 쌓아 올린 소유와 안락이 아니라
나눔의 작은 불꽃이 큰 따뜻함을 만들고
과거엔 나와 내 주변만을 위해 달려왔지만
이제는 그 길의 방향을 조금 바꿔
더 많은 이들과 함께 걷기를 선택합니다.

세상의 아름다움은 나눔 속에 깃들어 있고
남은 인생의 시간을 새로운 빛으로 물들여
이웃과 함께하는 삶
그 안에서 내 시야는 넓어지고
마음의 울림은 더욱 깊어집니다.

인생은 혼자서 뛰어가는 경주가 아니라
함께 걸어가는 길임을 깨닫고
세상에 빛을 더하는 작은 마음
이것이야말로 기대의 결실이자
행복의 또 다른 이름입니다.

작은 한 줄의 글
따뜻한 한 권의 책으로
마음의 꽃을 피워냅니다.

그리고 그 꽃은 우리 모두의 마음속에
작은 햇살로 살며시 머물러
세상을 따뜻하게 비추리라 믿어봅니다.

• 마음나누기 • 년 월 일 요일

지금 내 마음은 ______________________ 마음입니다.

왜냐하면 ______________________ 때문입니다.

그리고
감사의 순간들

Thank you

______________________ 감사합니다

______________________ 감사합니다

______________________ 감사합니다

[행복편지-0548호]

지금 내 마음은 다양한 마음입니다.
왜냐하면 책 쓰기를 하는 동안 다양한 생각을 하고
여러 가지 선택도 해야 하기 때문입니다.
책을 통해 세상을 이롭게 합니다.
분별하지 않고 바르게 보고 바르게 행합니다.

## ■ 다채로운 선택의 길 위에서

오늘 내 마음은
다채로운 물결을 품습니다.

책을 쓰는 여정 속
수많은 생각과 고요한 선택들이

나의 마음을 흔들고
그 흐름은 세상으로 이어집니다.

일체 세계의 모든 모습은
마음에서 일어나며
그 마음이 곧 이 세상의 본질입니다.

모든 것에는 때가 있듯이
그 마음을 깨어있는 눈으로
자연스레 살핍니다.

순간의 무의식과 습관이 우리를 흔들어도
찰나의 알아차림이
평온을 지키는 힘이 됩니다.

자극에 흔들릴 때도
‘지금 여기’에 머무르는 연습은
나를 새롭게 합니다.

잠시 감정이 앞서고 무의식에 휘말릴 때
알아차림의 등불을 다시 밝히는 것은
우리 안의 내면을 채우는 힘이고

이러한 깨달음은
삶의 작은 고비마다
나를 붙잡아줍니다.

마음이 거울 같아서
어둠 속에서도 빛이 나고
그 마음이 바로 나의 선택을 이롭게 만듭니다.

습관이란 손길이
나를 감쌀 때도
내면의 빛을 다시 찾아내야 합니다.

흔들리지 않으며
바르게 보는 힘은
오늘의 작은 실천에서 시작됩니다.

흔들림 속에서도
중심을 잡는 것은
순간의 깨어있음에서 피어납니다.

모든 선택은
작은 길의 분기점
우리가 남기는 발자국은 세상으로 이어집니다.

지금 여기에 깨어있음으로
작은 파동이 더 큰 평온을 만들 듯

내 선택은
누군가에게 작은 빛이 될 수 있습니다.

삶의 길 위에서
나는 다양한 마음을 헤아리며
세상의 평화를 그려봅니다.

그것이 곧 내 행복의 씨앗이자
세상을 비추는 따스한 햇살이 됩니다.

• 마음나누기 •   년   월   일   요일

지금 내 마음은 ________________ 마음입니다.

왜냐하면 ________________ 때문입니다.

그리고
감사의 순간들 ________________ 감사합니다

________________ 감사합니다

________________ 감사합니다

깨어있는 마음과
지혜로운 선택이
세상을 비추는 빛이 되어
작은 실천이 평화를 만들어간다.

[행복편지-0550호]

지금 내 마음은 고마운 마음입니다.
왜냐하면 귀한 사람들과 함께할 수 있도록
귀한 마음으로 귀한 음식을 준비하여 초대해 주셨기 때문입니다.
다양한 사람들과 함께 세상을 이롭게 합니다.
분별하지 않고 바르게 보고 바르게 행합니다.

## ■ 다양한 소통의 향연

오늘 내 마음은 감사로 가득 찹니다.

귀한 사람들과 한자리에 모여 함께 나누는
이 순간이 얼마나 소중한지를
깨달음 속에 더욱 깊이 새깁니다.

모든 존재는 서로를 비추며
서로의 빛 속에 깃들며

그 빛 속에서 우리는
마음을 함께 나누며 성장합니다.

말의 홍수 속에서도
진정한 소통은 침묵의 힘에서 자라납니다.

경청은 마음의 귀를 열고
상대의 빛을 비추어 주는 일입니다.

귀 기울임은 사랑의 시작이며
가장 아름다운 대화입니다.

많은 사람과의 만남 속에서
가슴 깊이 느껴지는 외로움은

내가 마음의 문을 굳게 닫고
받아들이지 않을 때 일어납니다.

그러니 말하려 애쓰지 말고
상대의 이야기를 온전히 들어주세요.

그것이 진정한 소통이자
우리 사이에 다리를 놓는 일이 됩니다.

귀한 사람과
음식을 나누는 순간

감사한 마음이 오고 가며
서로의 따뜻함을 전합니다.

분별없이 바라보는 이 순간
우리의 마음은 서로에게 향하며
세상을 더욱 밝게 만듭니다.

모든 것은 함께 어우러져
큰 빛으로 존재합니다.

말은 때로는 쉼이 필요하고
그 쉼 속에 진정한 이해가 피어납니다.

바르게 보고 바르게 듣고
바르게 행하는 그 길 위에서

우리의 작은 움직임이
세상을 이롭게 할 것입니다.

그리하여 오늘도
감사한 마음으로
모두와 함께 소통의 향연을 펼칩니다.

• 마음나누기 • 　년　월　일　요일

지금 내 마음은 ______________________ 마음입니다.

왜냐하면 ______________________ 때문입니다.

그리고
감사의 순간들

______________________ 감사합니다
______________________ 감사합니다
______________________ 감사합니다

감사한 마음으로
서로를 듣고 나누는 진정한 소통이
세상을 밝히는 힘이 된다.

[행복편지-0551호]

지금 내 마음은 평화로운 마음입니다.
왜냐하면 세상의 모든 일이 순리대로
인연 따라 흐르고 있다고 느끼기 때문입니다.
물 흐르듯이 세상을 이롭게 합니다.
분별하지 않고 바르게 보고 바르게 행합니다.

## ■ 자비로운 물결 속의 친절

오늘 내 마음은 평화로 가득합니다.
모든 것은 인연에 따라 흐르고 그 흐름 속에서 우리는 빛납니다.

"모든 존재는 서로 연결되어
그 속에서 모든 것이 완성된다."
우리는 하나의 고리, 서로의 인연에 의지해 빛나는 존재들입니다.

친절이란
자신을 스스로 아끼고
그 마음을 타인에게도 나누는 일입니다.

"서로 사랑하라. 그 안에 모든 법이 완성된다."

친절은
인생을 가치 있게 만드는 힘이며
우리 내면의 선한 본성을 그대로 세상에 드러내는 일입니다.

어느 순간에도 친절을 베풀어 보세요.
말 한마디, 작은 손길, 그 어떤 것이라도
우리의 마음은 자비로 물듭니다.

이것이 진정한 종교이며 우리를 사람답게 하는 예배입니다.
복잡한 경전과 철학은 필요치 않아요.
나의 이성, 나의 마음이 곧 사원이니
그곳에선 친절이 곧 예배입니다.

서로가 서로의 물결이 되어 흐름을 이어가는 세상
평화는 그 물길을 타고 오며
자비로운 미덕은 그 위에 꽃처럼 피어납니다.

바르게 보고, 바르게 듣고, 바르게 행하는 가운데
우리는 물 흐르듯 자연스러운 사랑을 나눕니다.

오늘 작은 친절 하나가
어떤 마음을 밝혀줄지 모릅니다.

순리대로 흐르는 세상의 이치를 따라 우리의 인연은
소리 없이 연결되고 그 속에서 새 삶의 빛이 피어납니다.

그리하여 우리는 함께 세상 속에서
서로를 빛내며 자비로운 물결을 이루어갑니다.

---

**• 마음나누기 •** 년 월 일 요일

**지금 내 마음은** ______________________ **마음입니다.**

**왜냐하면** ______________________ **때문입니다.**

**그리고**
**감사의 순간들** ______________________ 감사합니다

Thank you ______________________ 감사합니다

______________________ 감사합니다

[행복편지-0552호]

지금 내 마음은 불편한 마음입니다.
왜냐하면 사소한 갈등이 생겼는데 상대방 탓만 하며
내가 듣고 싶은 얘기만 듣고 말하고 있기 때문입니다.
인정하는 마음으로 세상을 이롭게 합니다.
분별하지 않고 바르게 보고 바르게 행합니다.

## ■ 자비와 지혜의 길

오늘 내 마음은 불편함에 머뭅니다.
갈등의 씨앗은 사소한 틈에서 자라나며
귀는 듣고 싶은 소리만 고르고
입은 자기 말만 퍼뜨립니다.

"모든 것이 서로 의지해 빛나니
하나를 탓하면 모두를 탓하는 것과 같으니라."
우리 마음의 바탕을 돌아보며
세상에 화해의 씨앗을 뿌립니다.

사람은 누구나 자기만의 빛과 그림자를 안고
어두운 골목길을 걷습니다.

이 사람의 거짓말이, 저 사람의 고집이
한때는 벽처럼 느껴질 때가 있습니다.

"네 눈 속의 들보를 보라.
형제의 티끌보다 크니라."
모두가 가진 모난 조각을 맞추는 것이
곧 지혜입니다.

겨울은 겨울의 차가움을
여름은 여름의 열기를 지닙니다.

추위와 더위에 불평만 한다면
차가운 손은 더 시리고
땀방울은 더욱 무거워지기 마련입니다.

계절을 품고
자연을 배우는 것
그것이야말로 인생의 지혜입니다.

자연은 저마다의 방식으로
질서를 지니며 흘러갑니다.

강은 강으로 바람은 바람으로
자연스럽게 그 길을 갑니다.

우리도 그러해야 합니다.

바르게 보고, 바르게 듣고, 바르게 행할 때
우리는 그 흐름에 닿습니다.

불편한 마음을 인정하고 바라보는 순간
세상은 더 이상 나와 대립하지 않습니다.

스스로 낮추고 인정하는 마음은
갈등의 얼음을 녹이고 다른 이와의 다름을
아름다움으로 받아들이게 합니다.

모든 것은 마음의 그림자이고
마음이 바르면 세상이 바릅니다.

지혜의 빛으로
우리를 참된 길로 이끕니다.

오늘, 이 작은 갈등의 풀림이
큰 평화의 시작이 됩니다.

따뜻한 마음으로 세상과 마주할 때
우리는 서로를 이롭게 하며
조화로운 세상 속에 뿌리내립니다.

그리고,
그곳에서 자비의 꽃이 피어납니다.

• 마음나누기 •　　년　　월　　일　　요일

지금 내 마음은 ______________________ 마음입니다.

왜냐하면 ______________________ 때문입니다.

그리고 ↘
감사의 순간들

______________________ 감사합니다

______________________ 감사합니다

______________________ 감사합니다

ᔕ

불편함 속에서도 갈등을 인정하고
화해의 씨앗을 뿌리며
서로를 이롭게 하는
조화로운 세상을 만들어간다.

ᔕ

## 작가의 말

오늘도 나는 행복편지를 씁니다.

매일 쓰는 행복편지는 나의 소중한 일상이고, 가장 먼저 하는 내 삶의 중요한 일과입니다. 행복편지를 쓰고 나면 하루가 풍성해지고 감사로 가득해집니다. 힘이 들 때 든든한 버팀목이 되어 주고 기쁠 때는 따뜻한 미소를 짓게 해줍니다.

행복편지를 읽은 사람이 늘어나면서 응원과 격려가 이어지고, 그것이 큰 힘이 되어 주었습니다. 행복편지가 누군가에게는 삶의 위안이 되고, 또 다른 누군가에게는 마음의 여유를 선사해 주고 있다는 것을 알게 되었습니다.

행복편지를 모아서 만든 이 책을 통해 나눈 이야기들이 사람들의 마음에 울림을 주었기를 소망하며 함께한 이 여정이 작은 위로와 기쁨이 되었기를 바랍니다. 그리고 '마음나누기'를 통해 나의 마음을 살펴 알아차리고, '감사의 순간들'을 적으면서 마음이 조금은 따뜻해지고 평화로워졌으면 합니다.

삶은 때로 무겁고 힘들고 복잡하게 느껴질 수 있지만, 그 속에서도 우리는 행복의 순간들을 발견할 수 있습니다. 여러분이 이 글을 읽으면서 느낀 감정이나 깨달음을 글로 기록하고, 자신의 마음을 나누는 연습을 계속해 나간다면 진정한 나를 발견하게 될 것입니다.

작은 일상에서 행복을 찾고, 그것을 주변과 나누는 것이 진정한 행복의 시작임을 잊지 않기를 바랍니다. 이 책이 여러분의 삶에 긍정적인 변화를 가져다주길 바라며, 여러분이 스스로 행복을 소중히 여기고 그것을 나누는 삶을 살아가시길 기원합니다. 여러분의 마음속에 피어난 사랑과 감사가 세상을 더욱 따뜻하게 만드는 힘이 되리라 믿습니다.

마지막으로, 이 여정에 함께해 주신 모든 분께 깊은 감사의 마음을 전합니다. 특히, 책을 만드는 동안 처음부터 끝까지 하나하나 아낌없는 조언과 응원을 해주며 큰 힘이 되어 준 나의 벗이자 동반자에게 무한한 감사를 드립니다.

여러분의 삶이 매일매일 새로운 행복으로 가득 차길 바라며, 언제나 자신의 마음을 돌보고 사랑하는 시간을 가지시길 바랍니다.

행복을 전하며
세상애끌림